DIREITO E TEATRO
ELO ENTRE O MUNDO JURÍDICO E AS ARTES CÊNICAS

Editora Appris Ltda.
1.ª Edição - Copyright© 2024 dos autores
Direitos de Edição Reservados à Editora Appris Ltda.

Nenhuma parte desta obra poderá ser utilizada indevidamente, sem estar de acordo com a Lei nº 9.610/98. Se incorreções forem encontradas, serão de exclusiva responsabilidade de seus organizadores. Foi realizado o Depósito Legal na Fundação Biblioteca Nacional, de acordo com as Leis nᵒˢ 10.994, de 14/12/2004, e 12.192, de 14/01/2010.

Catalogação na Fonte
Elaborado por: Dayanne Leal Souza
Bibliotecária CRB 9/2162

D598d 2024	Direito e teatro: elo entre o mundo jurídico e as artes cênicas / Junia de Castro Magalhães Alves e Luis Felipe Mourthé Magalhães (orgs.). – 1. ed. – Curitiba: Appris, 2024. 139 p. : il. color. ; 21 cm. – (Geral). Vários autores. Inclui referências. ISBN 978-65-250-6565-6 1. Direito. 2. Literatura. 3. Artes cênicas. I. Alves, Junia de Castro. II. Magalhães, Luis Felipe Mourthé. IV. Título. V. Série. CDD – 340

Livro de acordo com a normalização técnica da ABNT

Appris editora

Editora e Livraria Appris Ltda.
Av. Manoel Ribas, 2265 – Mercês
Curitiba/PR – CEP: 80810-002
Tel. (41) 3156 - 4731
www.editoraappris.com.br

Printed in Brazil
Impresso no Brasil

Junia de Castro Magalhães Alves
Luis Felipe Mourthé Magalhães
(org.)

DIREITO E TEATRO

ELO ENTRE O MUNDO JURÍDICO E AS ARTES CÊNICAS

Appris
editora

Curitiba, PR
2024

FICHA TÉCNICA

EDITORIAL
Augusto Coelho
Sara C. de Andrade Coelho

COMITÊ EDITORIAL
Ana El Achkar (Universo/RJ)
Andréa Barbosa Gouveia (UFPR)
Antonio Evangelista de Souza Netto (PUC-SP)
Belinda Cunha (UFPB)
Délton Winter de Carvalho (FMP)
Edson da Silva (UFVJM)
Eliete Correia dos Santos (UEPB)
Erineu Foerste (Ufes)
Fabiano Santos (UERJ-IESP)
Francinete Fernandes de Sousa (UEPB)
Francisco Carlos Duarte (PUCPR)
Francisco de Assis (Fiam-Faam-SP-Brasil)
Gláucia Figueiredo (UNIPAMPA/ UDELAR)
Jacques de Lima Ferreira (UNOESC)
Jean Carlos Gonçalves (UFPR)
José Wálter Nunes (UnB)
Junia de Vilhena (PUC-RIO)

Lucas Mesquita (UNILA)
Márcia Gonçalves (Unitau)
Maria Aparecida Barbosa (USP)
Maria Margarida de Andrade (Umack)
Marilda A. Behrens (PUCPR)
Marília Andrade Torales Campos (UFPR)
Marli Caetano
Patrícia L. Torres (PUCPR)
Paula Costa Mosca Macedo (UNIFESP)
Ramon Blanco (UNILA)
Roberta Ecleide Kelly (NEPE)
Roque Ismael da Costa Güllich (UFFS)
Sergio Gomes (UFRJ)
Tiago Gagliano Pinto Alberto (PUCPR)
Toni Reis (UP)
Valdomiro de Oliveira (UFPR)

SUPERVISORA EDITORIAL
Renata C. Lopes

PRODUÇÃO EDITORIAL
Daniela Nazario

REVISÃO
Débora Sauaf

DIAGRAMAÇÃO
Andrezza Libel

CAPA
Kananda Ferreira

REVISÃO DE PROVA
Alice Ramos

Para nossos pais, que nos proporcionaram o acesso ao Direito e à Literatura.

AGRADECIMENTOS

Às Instituições que me proporcionaram a oportunidade de estudo e pesquisa no exterior para a confecção deste trabalho:

The Fulbright Commission, The National Endowment for the Humanities e **The United States Information Agency.**

Aos Professores orientadores e/ou coordenadores dos projetos de pós-graduação:

Ana Lúcia de Almeida Gazola (Universidade Federal de Minas Gerais); **Irene Ferreira de Sousa** (UFMG, *in memoriam*); **Alita Sodré Dawson** (UFMG, *in memoriam*); **Solange Ribeiro de Oliveira** (UFMG); **James Dean** (UFMG/Visitante); **Steve Tanner** (UFMG/ Visitante); **Marcia Noe** (Universidade do Tenessee em Chatanooga); **Howard Stein** (Columbia University in the city of New York).

À Professora **Magda Velloso Tolentino**, à época: chefe do Departamento de Letras Germânicas da Faculdade de Letras – Universidade Federal de Minas Gerais.

Ao meu marido, **Navantino Alves Filho**, pelo apoio e incentivo,

Junia de Castro Magalhães Alves

Às **instituições de ensino nas quais estudei,** que contribuíram para minha formação desde os primórdios da minha vida acadêmica.

À **Júnia Alves** e **Frederico Savassi** pelos valiosos ensinamentos e oportunidades profissionais.

À Professora de Português **Celeste (Colégio Marista Dom Silvério),** da 7ª série do ensino fundamental, pelos ensinamentos e capacidade de me entusiasmar na arte de redigir.

Aos demais autores deste livro que se empenharam para qualidade da produção.

Luis Felipe Mourthé Magalhães

APRESENTAÇÃO

Este trabalho é continuação de um primeiro estudo denominado *"Till Eulenspiegel: Do direito e do avesso de um herói pícaro"*, e publicado em 2013 em *"Direito e Literatura: por que devemos escrever narrativas"* a convite de um de seus organizadores, Professor Bernardo Barbosa Gomes Nogueira.

Professor Gomes Nogueira é advogado, mestre em Ciências Jurídico-Filosóficas (Universidade de Coimbra), doutor em Direito (Pontifícia Universidade Católica de Minas Gerais). Atualmente leciona nos cursos de pós-graduação do Instituto de Educação Continuada da PUC/MG, é Mediador Credenciado pelo TJMG e membro honorário da Rede Brasileira de Direito e Literatura, entre outras atribuições.

São quatro os pesquisadores, advogados e estudantes do Direito, envolvidos neste primeiro trabalho coordenado por Junia de Castro Magalhães Alves, mestra em Inglês e doutora em Literatura Comparada pela Universidade Federal de Minas Gerais.

Os teatrólogos selecionados para esta primeira investida são expoentes da dramaturgia e partiram da escolha pessoal dos envolvidos. Todos os textos permeiam o mundo da literatura gótica: tendência literária representante do Romantismo misterioso e obscuro, abastecida por sonhos, fantasias, loucuras, insanidades, fantasmas, enfim, pela morte.

As narrativas controversas margeiam mais o metafísico do que o físico, trazendo à tona sentimentos antagônicos que questionam as condutas dos heróis e dos anti-heróis, levantando discussões filosóficas e jurídicas.

Os textos desta publicação confirmam o interesse de autores e leitores pela arte dramática e pela ciência jurídica.

Junia de Castro Magalhães Alves
Luis Felipe Mourthé Magalhães

SUMÁRIO

INTRODUÇÃO 13

DIREITO E LITERATURA GOLPE DE ESTADO EM MACBETH,
DE WILLIAM SHAKESPEARE 15
Yan Felipe Silva
Luis Felipe Mourthé Magalhães
Junia de Castro Magalhães Alves

A AMPLA DEFESA E O CONTRADITÓRIO EM ASSIM É SE LHE
PARECE, DE LUIGI PIRANDELLO 33
Frederico Mourthé Savassi
Luis Felipe Mourthé Magalhães
Junia de Castro Magalhães Alves

DIREITO PENAL TRIBUNAL DE EXCEÇÃO EM *AS BRUXAS DE
SALEM*, DE ARTHUR MILLER 51
Lucas Silvani Veiga Reis
Luis Felipe Mourthé Magalhães
Junia de Castro Magalhães Alves

O DIREITO E O AVESSO: TRIBUNAL DE EXCEÇÃO OU JUÍZO
NATURAL EM *OS GIGANTES DA MONTANHA*, DE LUIGI
PIRANDELLO, PELO GRUPO GALPÃO 73
Lucas Silvani Veiga Reis
Luis Felipe Mourthé Magalhães
Junia de Castro Magalhães Alves

TRANSCRIÇÃO INTER SEMIÓTICA DA HISTÓRIA PARA
O PALCO E DIREITO TRIBUTÁRIO EM *GONZAGA OU A
REVOLUÇÃO DE MINAS*, DE CASTRO ALVES 101
Lucas Silvani Veiga Reis
Luis Felipe Mourthé Magalhães
Junia de Castro Magalhães Alves

DIREITO (LEI MARIA DA PENHA), LITERATURA, HISTÓRIA E FILOSOFIA EM *UM BONDE CHAMADO DESEJO*, DE TENNESSE WILLIAMS.. 121

Celso de Lima Freire
Luis Felipe Mourthé Magalhães
Junia de Castro Magalhães Alves
Lúcia Trindade Valente

SOBRE OS ORGANIZADORES... 131

SOBRE OS AUTORES 139

INTRODUÇÃO

O que é Teatro?

O que é Direito?

Qual a relação existente entre os dois?

O vocábulo "Teatro" originou-se da Grécia e denota "lugar de onde se vê". Por intermédio das encenações, a humanidade primitiva já fazia Teatro para contar histórias sobre o cotidiano. Ele é o retrato da vida e o reflexo cultural de um povo. Assim como manifestações como a dança, a música e o desenho, a encenação teatral igualmente despontou como uma maneira de demonstração do homem, que representava para descrever suas vivências, manifestar seus sentimentos e expor suas necessidades por meio da imitação. Após milhares de anos, essa arte evoluiu, organizando-se com enredo, atores, plateia, encenações e tornando-se tal como conhecemos nos dias atuais.

O vocábulo Direito tem origem no latim, *directum*, e significa certo, correto, reto, mais adequado. Em uma perspectiva de Kant, *"Direito é o conjunto de condições, segundo as quais, o arbítrio de cada um pode coexistir com o arbítrio dos outros de acordo com uma lei geral de liberdade"*. Já Dante Alighieri definiu que *"Direito é a proporção real e pessoal de homem para homem que, conservada, conserva a sociedade e que, destruída, a destrói"*. Podemos, então, constatar que Direito é um conjunto de normas, com critérios para sua aplicação, definidos por uma sociedade, dentro de sua organização política, para que haja um convívio organizado e harmonioso entre seus integrantes.

Sabendo o que é o Teatro e o que é o Direito podemos agora estabelecer um elo entre esses dois. Um representa o reflexo do povo e o outro organiza a convivência social desse mesmo povo. Nesta obra, trazemos para o leitor *obras de William Shakespeare, Luigi Pirandello, Arthur Miller, Castro Alves* e *Tennesse Williams*, todas representações com histórias muito bem elaboradas, envolventes e com um tema central jurídico que é analisado criteriosamente pelos autores envolvidos em cada capítulo.

Assim, convido vocês a embarcar nessa deliciosa leitura!

DIREITO E LITERATURA GOLPE DE ESTADO EM *MACBETH*[1], DE WILLIAM SHAKESPEARE

Yan Felipe Silva
Luis Felipe Mourthé Magalhães
Junia de Castro Magalhães Alves

RESUMO DA PEÇA E QUADRO DOS PERSONAGENS PRINCIPAIS

Macbeth, a tragédia mais curta, densa, tétrica e niilista de William Shakespeare e possivelmente a mais carregada de superlativos, focaliza a ambição do personagem que dá nome à peça para tornar-se Rei da Escócia.

Após Macbeth ter vencido em luta os opositores do monarca escocês e sido aclamado herói ainda no campo de batalha, aparecem-lhe Bruxas (possível eco de mente perturbada por anseios e desejos) que preveem sua escalada ao poder. Influenciado pela premonição e apoiado incondicionalmente por sua mulher, planeja e assassina o primo Duncan, legítimo Rei da Escócia, que por acaso viria a ser seu hóspede pouco depois da vitória.

A ação desenvolve-se a partir da avidez ao trono desencadeada pela profecia enigmática das Feiticeiras e cuja decodificação subjetiva exemplifica o paradoxo da natureza humana. Macbeth e sua mulher apresentam traços nobres em suas personalidades, mas a aspiração incondicional à soberania resulta na ruína do casal: ela enlouquece, definha e morre e ele é assassinado no campo de batalha. A ambição de Macbeth é sua falha trágica (*hamartia*) somada ao orgulho e à autoconfiança excessivos (*hubris*) desencadeadores da tragédia.

---

[1] A palavra Macbeth está utilizada no texto com duas conotações distintas: uma refere-se ao título da peça e a outra ao nome de um dos personagens protagonistas. Na primeira hipótese será grafada em itálico.

A trama focaliza o tema não só do poder indelével da força do mal, mas também de sua punição inexorável.

Quadro 1 – Caracterização dos personagens

PERSONAGENS PRINCIPAIS	CARACTERIZAÇÃO
Macbeth	Protagonista, corajoso e forte fisicamente, fraco e covarde moralmente, líder de guerra, ambicioso, supersticioso, dominado pela mulher, anfitrião, traidor e dissimulado.
Lady Macbeth	Personagem marcante, ambiciosa, dominadora, dissimulada, cruel, assassina desumana, esposa amorosa, anfitriã charmosa, porte real.
Bruxas	Projeções sobrenaturais que refletem anseios, desejos, ambições e frustrações dos personagens alvos das premonições.
Rei Duncan	Fraco, benevolente, emotivo, suave, popular, virtuoso.
Malcom	Filho mais velho do rei, consciente dos perigos, jovem demais para assumir a responsabilidade de liderança do reino.
Banquo	General e guerreiro, forte e ambicioso como Macbeth e a ele fiel, mas leal ao Rei.
Macduff	Cavalheiro, elegante, genuíno, leal ao Rei.
Lennox	Sarcástico, irônico, questiona a realidade aparente do assassinato.

Fonte: os autores

INTRODUÇÃO

Em 1979, Jean Baudrillard publicou um livro estimulante e polêmico intitulado *De la sédution*, onde adota e defende a tradição filosófica platônica que coloca a sedução no âmbito do artifício e da aparência em oposição à natureza e à realidade.

Segundo o autor, "um destino indelével pesa sobre a sedução. Para a religião, ela foi estratégia do diabo, quer tenha sido feiticeira ou amorosa. A sedução é sempre a do mal, ou a do mundo. Essa maldição tem se mantido inalterada por meio da filosofia e da moral e, mais recentemente, da psicanálise e da liberação do desejo."[2] A ideia de "seduzir" liga-se à de pecado, às pretensões do diabo, às loucuras, à metamorfose do homem/mulher (criaturas inocentes) em hereges, numa tentativa para aniquilar a ordem divina. A sedução é talismã, representa um desafio fundamental às regras vigentes e às chamadas ortodoxias, ao passo que camufla a realidade.

Sendo assim, o escritor francês interpreta o jogo sedutor não primeiramente no sentido de sexo, mas como um ritual demarcado por regras próprias, associando-o, além disso, ao feminino, em oposição à sexualidade que para ele, e segundo Freud, é masculina, de estrutura distinta e discriminante, centrada no falo. Baudrillard insinua que escritores franceses tais como Derrida[3] e Irigaray[4], que pretendem definir a sexualidade em termos "femininos", estão na verdade operando com o modelo "masculino".

O segredo do poder "feminino" é estar "em outro lugar... o feminino seduz porque nunca está onde pensa estar, e a natureza desse poder não é biológica. Em outras palavras, a sedução subverte a dualidade masculino/feminino. O feminino é já não o que se opõe ao masculino, mas o que seduz o masculino". Consequentemente, o "feminino" para Baudrillard não deve ser interpretado como marca da natureza ou da cultura, mas como uma "transexualidade da sedução". Já a "soberania da sedução pode ser dita feminina por convenção, a mesma que pretende que a sexualidade seja fundamentalmente masculina"[5]. Nessa esteira a sedução está para o universo simbólico, assim como a sexualidade e o poder estão para o universo real. O ponto decisivo do argumento diz respeito à diferença entre sedução e ação ou produção. Ao passo que Baudrillard defende a superioridade do artificial sobre o natural, ele também afirma que o sedutor/

---

[2] BAUDRILLARD, Jean. *Da sedução*. Tradução: Tânia Pellegrini. Campinas: Papirus, 1991. p. 5.

[3] JACQUES Derrida (El Biar, Argélia, 15 de julho de 1930 — Paris, 9 de outubro de 2004): filósofo franco-magrebino, que iniciou durante a década de 1960 a Desconstrução em filosofia.

[4] Luce Irigaray (Blaton, 3 de maio de 1930): filósofa e feminista belga. Destaca-se no estudo do feminismo francês contemporâneo e em filosofia europeia.

[5] BAUDRILLARD, Jean. *Da sedução*. Tradução: Tânia Pellegrini. Campinas: Papirus, 1991. p. 11, 12. As citações neste parágrafo são desta obra.

sedutora acaba sempre por ser seduzido/seduzida. O ato de seduzir busca sua própria estética e funciona no nível da fascinação, que por sua vez se torna mais importante que o feito propriamente dito:

BAUDRILLARD, SEDUTOR DE LEITORES, É FREQUENTEMENTE SEDUZIDO PELOS OBJETOS DE SUA ANÁLISE

No âmbito do Direito, a peça evidencia um jogo de sedução que objetiva rompimento institucional repentino e que visa submeter o controle político do reino a um indivíduo, no caso Macbeth, que não fora designado por eleição, hereditariedade ou outro processo de transferência de poder. Essa quebra drástica da ordem governamental detém características do que é definido como "golpe de Estado", tradução de *Coup D'état*, terminologia difundida pelo cientista político francês Gabriel Naudé que o definiu como "medida desesperada causadora de ruptura no Direito comum e na normalidade das leis".

Nesse sentido, em *Macbeth*, evidencia-se a tomada do poder por meio da ruptura do Direito e da violação da legitimidade tradicional do governo deposto, motivadas pelo anseio irracional do protagonista, em um contexto político-jurídico em que público e privado não se distinguem.

A tragédia shakespeariana possui elementos que se remetem à tragédia contemporânea dos golpes de Estado: a aparência de legitimidade e a tomada do poder movida pela sedução. Esses elementos demonstram que a ocorrência dos golpes de Estado, sobretudo na contemporaneidade, não se faz exclusivamente por meio da violência, mas também através do artifício da fascinação e sedução do público. Se ambientada nos dias atuais, Macbeth, seduzido pelo poder, seria ele próprio, quem sabe, o sedutor das massas.

DESENVOLVIMENTO

A peça concentra força literária incomensurável para seduzir leitores e espectadores, e moldar consciências. Carrega os temas da ambição, da deslealdade, das profecias enigmático-ambíguas e suas leituras subjetivas, do destino inexorável, da desintegração do indivíduo.

A fonte histórica utilizada pelo teatrólogo foi *The chronical of England and Scotland* de Holinshed (1577)[6]. Provavelmente para efeitos políticos e/ou dramáticos, Shakespeare altera a personalidade do protagonista tornando-o mais ambicioso e vulnerável do que o exposto na crônica. Os acontecimentos retratados em *Macbeth*, com as devidas alterações poéticas, ocorreram lá pelos anos de 1.040 d.C., na Escócia. A obra focaliza ainda a qualidade divina do poder real, a legitimidade da transmissão desse poder para os descendentes do rei e a força do mal. Questiona a ideia de que os fins justificam os meios representados pela sedução e ilusão, pelo sentido duplo das profecias, pela consequente complexidade das interpretações, pelo ser e o parecer, resumindo: pela ironia do destino. O uso da aliteração e da justaposição de contrários (*fair/foul*) enfatiza o paradoxo chave-temático para alavancar e desenvolver o caráter ambíguo da tragédia.

> *"Witches: Fair is foul and foul is fair"*[7]

> "Bruxas: Mau é bom e bom é mau"
> Bem e mal é tudo igual.[8]

Assim sendo, Shakespeare trabalha simultaneamente o binômio aparência/realidade e a ideia da energia masculina patriarcal nas figuras de Macbeth, Duncan, Malcom, Banquo e Macduff, em contraste ao jogo da sedução feminina, matriarcal e ambíguo de Lady Macbeth e das feiticeiras. Esse recurso literário da justaposição de contrários acentua o tema da natureza paradoxal da realidade, ou seja, de seu caráter duplo ou até mesmo múltiplo e a consequente impossibilidade de uma única resposta.

> *"Banquo. You should be women,*
> *And yet your beards forbid me to interpret*
> *That you are so".*[9]

---

[6] MACBETH, Cliffs Notes incorporated. Lincoln, Nebraska. Consulting Editor: James L Roberts, Ph. D. Department of English University of Nebraska. Preface, p. 5.

[7] *MACBETH:* Ato1, sc.1, p. 922. Essa fala das Bruxas se repete em outros momentos da peça.

[8] *MACBETH:* Tradução livre de Junia de Castro Magalhães Alves.

[9] *MACBETH:* Ato I, sc. III, p. 924.

"Banquo. Vocês têm toda a aparência de mulheres,
E no entanto suas barbas proíbem-me de interpretar
Suas figuras como tal".[10]

A linha de ação da peça é marcada pela presença dessas criaturas de mau agouro, que prenunciam para o leitor/espectador a luta entre as forças do bem e o poder do mal que assolariam Macbeth com o fantasma de sua própria culpa. Para o teatrólogo, Lady Macbeth não só participa do momento histórico, mas também atua nele como mais uma feiticeira que catalisa o desencadeamento da ameaça ao poder patriarcal e o desamparo da figura masculina. O texto, em sua complexidade, versa temas do Direito, Literatura, Filosofia, Psicologia, Psicanálise e da Política, que reiteram a certeza de que cada coisa contém em si o seu contrário. Nele, discutem-se a legitimidade da sucessão real e a profecia das bruxas para Banquo, citadas por Holinshed[11] e mencionadas por Shakespeare.

> "*Witches: Thou shalt get Kings, though thou be none.*"

> "Bruxas: Filhos teus serão reis, embora tu não o sejas."[12]

Segundo o teatrólogo, Lady Macbeth não só participa do momento histórico, mas também atua nele como mais uma feiticeira. Ela transita do universo simbólico da sedução ao universo real do poder que, para Baudrillard, representam forças opostas: "uma mulher/não mulher movendo-se entre signos é mais capaz de chegar ao extremo da sedução do que uma mulher verdadeira, já justificada por seu sexo." Leia-se nesse sentido a fala de Lady Macbeth:

> "*Lady Macbeth: Come, you spirits that tend on mortal thoughts, unsex me here; and fill me, from the crown to the toe, top-fullof direst cruelty.*"[13]

> "Lady Macbeth: Vinde vós, espíritos que sabem escutar os pensamentos mortais, liberai-me aqui de meu sexo e preenchei-me, da cabeça aos pés, com a mais medonha crueldade."[14]

---

[10] Tradução: Beatriz Viégas-Faria. *Macbeth*: Primeira edição: Coleção L&PM POCKET, v. 203. p. 19.

[11] Raphael Holinshed (1525-1580) foi um cronista inglês da época do Renascimento.

[12] Tradução: Beatriz Viégas-Faria. *Macbeth*: Primeira edição: Coleção L&PM POCKET, v. 203. p. 20.

[13] *MACBETH*, act I, sc. V. p. 926.

[14] Tradução: Beatriz Viégas-Faria. Primeira edição na Coleção L&PM POCKET, v. 203. p. 29.

Aparentemente movida pelo instinto, ela não decifra o alcance fatídico de seu pensamento manipulador. Como as feiticeiras, Lady Macbeth forja a verdade com meias verdades, utilizando-se da palavra portadora de sentido duplo, passível de interpretações: sua fala ecoa a das Bruxas, *"Fair is foul, and foul is fair:"* (mas privilegia o "mal" sob a aparência do "bem", segundo o mote, *"look like the innocent flower, but be the serpent under it"*[15]), ou em outro momento, *"False face must hide what the false heart doth know."*[16]

Apesar de o surrealismo ter sido conceituado por Breton (1924) muito após a primeira apresentação de *Macbeth* (entre 1603 e 1607), podemos identificá-lo na bruxaria presente na peça. Na verdade, as Bruxas são imaginárias e ecoam o desejo intrínseco de Macbeth, qual seja, tornar-se Rei. A presença do surreal e da ambiguidade na previsão das feiticeiras funciona no personagem como instinto. Na terminologia freudiana é no *id* (inconsciente: a parte da mente que demanda gratificação imediata para seus desejos e necessidades), onde se escondem os pensamentos mais primitivos.

Em Macbeth, o *id* (semelhante ao surreal de Breton) instala-se na fala ambígua das Bruxas que lhe apresentam opções ambivalentes, contraditórias: tentação óbvia para o assassinato de Duncan e a usurpação do trono. A decodificação do enigma *"Fair is foul and foul is fair"*, ou seja, a escolha por assassinar o Rei evidencia o fato de que a interpretação foi marcada pelo desejo. Também em *Macbeth,* o superego freudiano (forças morais) desencadeia-se somente após o crime, resultando em remorso tardio. E a tragédia se esvai, mas reverbera filosofia e lucides nas palavras pungentes e poéticas do final da peça:

> *"Macbeth: Out, out, brief candle!*
> *Life's but a walking shadow, a poor player*
> *That struts and frets his hour upon the stage*
> *And then is heard no more: it is a tale*
> *Told by an idiot, full of sound and fury,*
> *Signifying nothing."*[17]

---

[15] *MACBETH, Act I, sc.V*, p. 926. Tradução: Junia Alves: "finja a flor inocente, mas seja uma serpente".

[16] *MACBETH, Act I, sc.VII*, p. 927. Tradução: Junia Alves: "A falsa face esconde o que o coração falso sabe."

[17] *MACBETH, Act V, sc.V. p. 942.*

> "Macbeth: Apaga, apaga estrela cadente!
> A vida é sombra ambulante, um mero ator
> Que se disfarça e desgasta num instante,
> E que depois não se o ouve mais; é
> Conto contado por um bufão, cheio de
> Raiva, ruído e trovão, significando nada."[18]

No que tange ao aspecto político-jurídico do ato performado pelo protagonista e sua caracterização como Golpe de Estado, cumpre que se faça uma ressalva inicial. O Estado moderno é produto de um conjunto de mudanças que conduziram à ruína do modo de produção feudal, esse marcado pela descentralização do poder. Weber define-o da seguinte maneira:

> O Estado é aquela comunidade humana que, dentro de determinado território – este, o 'território', faz parte de suas características – reclama para si (com êxito) o monopólio da coação física legítima.[19]

Nesse sentido, é mister reiterar que a peça *Macbeth* se passa na Escócia medieval do século XI. No período em questão, as monarquias feudais não eram lastreadas na noção moderna weberiana de Estado: uma porção de terras bem delimitada sobre a qual é exercido o poder central. Esse reino tampouco era alicerçado no monopólio legítimo da violência, porquanto o uso dela fragmentava-se nos feudos e era exercido pelos diversos senhores feudais ou pela Igreja. O tribunal da inquisição foi uma forma de exercício de direito e, portanto, da violência que transcendia os reinos e feudos. Esse monopólio surgiu com o estado moderno, momento em que o Direito passou a ser exercido exclusivamente pelo Estado, enquanto figura central.

Dessa forma, e considerando tratar-se de expressão *moderna* da filosofia política de Gabriel Naudé, há que se falar em Golpe de Estado com certa cautela. Mesmo assim, ainda se verificam similitudes entre o ato político deflagrado na peça com a tomada do poder por Macbeth e o conceito naudeano em destaque.

---

[18] *MACBETH, Act V, sc.V.* p. 942. Tradução livre de Júnia de Castro Magalhães Alves.

[19] "Staat ist diejenige menschliche Gemeinschaft, welche innerhalb eines bestimmten Gebietes – dies: das 'Gebiet' gehört zum Merkmal – das Monopol legitimer physischer Gewaltsamkeit für sich (mit Erfolg) beansprucht".

Em primeiro lugar, observa-se que o direito de sucessão do trono escocês foi inquestionavelmente transgredido na trama, com o assassinado do Rei. Houve na ocasião um vácuo de poder, porquanto aquele que deveria assumir o lugar do falecido monarca, seu filho primogênito Malcom, fugiu para a Inglaterra temendo ser a segunda vítima da mão invisível que depusera o pai por meio da força. Quanto a Donalbain, filho mais novo de Duncan, que deveria assumir o trono na ausência do irmão, também optou por fugir.

É fato que Macbeth, o barão de Cawdor, na condição de parente do monarca (era primo do rei Duncan) e de nobre ascendência, poderia vir a ser coroado em remotíssima hipótese. Todavia, o direito hereditário impunha que os filhos de Duncan fossem priorizados. Assim, após a fuga de Malcom e seu irmão, ambos temendo a morte, e tendo em vista a subida do protagonista ao poder, delineou-se a quebra do direito vigente (regicídio e interrupção da ordem sucessória), materializando-se o Golpe.

Ainda sobre o conceito de Golpe de Estado, convém trazer à baila as considerações de Antônio Gasparetto Júnior:

> Golpes de Estado são característicos de momentos em que grupos políticos de oposição extrapolam a legalidade e, por vezes, fazem uso da violência para derrubar um governo legítimo. Na história destes eventos é comum observar a ocorrência de sítios às sedes dos governos para expulsar os governantes, ocorrendo, às vezes, até execução de membros do governo deposto.[20]

A legitimidade é conceito de grande valia para a análise da problemática dos Golpes de Estado, já que sua quebra costuma marcar a deflagração deles no mundo real. No cenário shakespeariano, tem-se a figura de poder personificada pelo Rei Duncan, monarca cuja soberania deriva da legitimação tradicional.

---

[20] GASPARETTO JÚNIOR, Antônio. *Golpe de Estado*. Disponível em: http://www.infoescola.com/politica/golpe-de-estado/. Acesso em: 8 nov. 2021.

Para Max Weber[21], o domínio político nunca é unilateral. É sempre via de mão dupla, porquanto não se pode conceber que um povo, em circunstância de abuso extremo, não reconhecendo nenhum tipo de valor na autoridade, permaneça, com sua força, em submissão. Assim, Weber esclarece a existência de três formas principais de domínio: carismático, legal-racional e tradicional.

O domínio carismático é fundamentado na identificação, por parte dos liderados, de qualidades virtuosas no líder, seja ele um rei, presidente ou ditador. O domínio legal-racional é decorrência de regras racionalmente estabelecidas em uma estrutura política, as quais são reconhecidas e respeitadas pela coletividade. Doutra feita, o domínio tradicional deriva de um reconhecimento, por parte dos dominados, de uma tradição. Assim, vale ressaltar que esse último é presente na história de *Macbeth*, caracterizando a legitimidade da liderança hereditária exercida por Duncan e a ser transmitida para seus sucessores.

Dessa maneira, Macbeth acaba depondo um poder tradicionalmente legítimo, o que provocou a oposição de Lorde Macduff e do herdeiro Malcom. É de se ressaltar que o tirano tem ciência da condição ilegítima de seu governo. Isso porque o reinado de Macbeth não é nada pacífico. O protagonista não só é corroído pelos fantasmas de sua culpa, como passa a governar com mão de ferro, dando continuidade à lógica maquiaveliana[22] resumida pela máxima "é mais seguro ser temido do que amado"[23]. O reinado sem legitimidade de Macbeth pauta-se pela execução de desafetos políticos, por vezes tão somente motivada por seus medos.

Eis, portanto, a segunda semelhança da trama shakespeariana ao conceito de Golpe de Estado. Não há somente a violação do direito sucessório, em sentido estrito, como também se verifica na conduta de Macbeth uma fratura na legitimidade tradicional da dominação exercida pelo monarca Duncan e seus sucessores.

---

[21] WEBER, Max. *Ciência e política*: duas vocações. Tradução e notas: Marco Antônio Casanova. São Paulo: Martin Claret, 2015.

[22] Em filosofia, costuma-se usar o termo "maquiaveliano" já que a palavra "maquiavélico" foi deturpada pelo vocabulário atual como significando algo perverso, o que não é o caso da filosofia de Maquiavel.

[23] MAQUIAVEL, Nicolau. *O Príncipe*. Tradução: Maurício Santana Dias. São Paulo: Penguin Classics Companhia das Letras, 2010.

Em terceiro lugar, cumpre levantar sucintas observações sanando uma confusão conceitual bastante imprópria. Nos tempos atuais, é comum que se faça a distinção entre golpe e revolução tendo como parâmetro orientações ideológicas pessoais. Podemos citar como exemplo a ascensão dos governos militares no Brasil, após a deposição do presidente João Goulart em 1964. Alguns setores da direita denominam o fenômeno político como Revolução Militar de 1964. Outros setores, tanto à esquerda, quanto à direita liberal, habitualmente denominam o acontecimento como Golpe Militar de 1964.

Todavia, é equivocada a distinção que se pauta no referencial subjetivo da preferência política. A etimologia do termo Revolução remete ao vocábulo latino "revolutio", que originalmente significava o "ato de dar voltas", ou girar em torno de um eixo, tal qual o movimento de translação dos astros. Na modernidade, a palavra passou a designar as mudanças estruturais profundamente significativas que acometiam a sociedade em um intervalo relativamente curto de tempo, compreendendo um ou mais dos setores como a economia, a cultura, a tecnologia e a ordem social.

A peça shakespeariana não trata da subversão do poder caracterizadora de um processo revolucionário. Isso porque, não bastasse o fato de que a revolução tal qual a significamos, e como expõe Hannah Arendt[24], é um conceito moderno (o próprio conceito de golpe de Estado também é moderno), as mudanças trazidas pela personagem Macbeth em seu curto reinado não chegam perto de impactar estruturalmente na ordem político-social, cultural ou econômica do Reino da Escócia.

Pelo contrário, o movimento de tomada do poder articulado por Macbeth serve à manutenção e afirmação de uma mesma estrutura de domínio feudal. Indo além, vê-se que a conduta golpista busca a catalização de um processo histórico já determinado pelo destino, e por isso inevitável.

Outro ponto a se observar, e que denota característica marcante do período em que se passa a estória, é o fato de que não se distinguem as esferas pública e privada, como acontece predomi-

---

[24] ARENDT, Hannah. *Sobre a Revolução*. São Paulo: Companhia das Letras, 2011. p. 56.

nantemente nos Estados contemporâneos. Para mais bem explicar a questão do público e privado basta pensar em termos patrimoniais. Na Idade Média, o poder exercido, pelos reis e senhores feudais, não se dirigia a uma coisa pública, mas a bens tidos como patrimônio da nobreza ou da família real. Os castelos e tudo mais eram propriedade do príncipe e de sua família. Em suma: o patrimônio do "Estado" se confunde com o patrimônio do soberano.

Nesse âmbito a trama política se reitera não só como um jogo de poder, mas também como um jogo de afirmação pessoal em que as próprias leis e posições de liderança são meros instrumentos convenientes aos agentes políticos. No caso de Macbeth, esse se vê seduzido pelo poder e busca tomá-lo para si a qualquer custo. Nisso se pode assumir que a obra Shakespeariana revela como o poder e o homem se tornam a mesma coisa no jogo de afirmação política.

Assim, em que pesem as ressalvas iniciais de que o termo golpe de Estado, com o máximo rigor, é de difícil aplicação ao enredo de *Macbeth*, é necessário ressaltar que diversas características do conceito naudeano se fazem presentes na peça de Shakespeare. Citam-se dentre elas o fato de que o detentor legítimo do poder tradicional é deposto em nome de interesses pessoais; são materializados a quebra do direito sucessório e o regicídio; é garantida a manutenção das estruturas (monarquia feudal), em que pese a alteração do sujeito que detém o poder.

Com o surgimento da era moderna e a consolidação dos Estados-nação, o conceito de golpe de Estado tornou-se amplamente utilizado e verificável com solidez em acontecimentos históricos relevantes. Um exemplo notável é o 18 de Brumário, que marcou o início da Era Napoleônica na França. Outro golpe muito familiar aos brasileiros é o Republicano, que, em 15 de novembro de 1889, inaugurou a República da Espada. Em 1964, houve o Militar, quando, com justificativas questionáveis, e buscando a manutenção da ordem econômica, implantou-se regime de rígido controle político, sendo deposto o governo anterior e reprimidos os partidos de oposição.

A clareza com a qual são distintos muitos dos mais variados Golpes de Estado perpetrados pelos últimos séculos é garantida pelo uso, iminência de uso ou ameaça do uso da violência para a garantia da troca de poderes. Tal característica em muito se assemelha com o golpe perpetrado por Macbeth.

No entanto, recentemente, estando definida a distinção entre esfera pública e privada, e difundido o regime democrático, muito se debate acerca dos golpes parlamentares, os quais lançam mão de um verniz institucional e democrático para mascarar mudança ilegítima e antijurídica de poderes. Para tanto, vale-se frequentemente de uma política dissimuladora, por meio da qual se manipula a informação, que é utilizada por lideranças carismáticas e populistas as quais se prestam ao papel de seduzir a população.

É seduzido, desse modo, não apenas o agente do golpe, obcecado pelo poder e suas promessas, mas também o súdito ou eleitor, que é envolvido pelas aparências e pelo carisma enganador do líder, fascinado pelo poder.

CONCLUSÃO

Conforme a teoria de Baudrillard, que situa a sedução no domínio de um universo simbólico e artificial, em contraste ao universo real e natural do sexo, Lady Macbeth, feiticeira sedutora, usa de artifícios para subtrair o sentido do discurso e afastá-lo da verdade, já que não visa a uma significação única coerente com a palavra, mas a uma leitura polissêmica. Surge aí a força da ironia configurada a partir das contradições entre a ação e a fala dos protagonistas, entre o enigma do discurso ambíguo das Bruxas e suas possíveis duplas ou mesmo múltiplas, variadas e complexas interpretações, que ironicamente seduzem e induzem o casal a uma escolha equivocada e criminosa no processo da decodificação.

Superficial como uma maquilagem, a sedução da heroína manifesta-se no discurso maquiavélico do qual se utiliza e não na consistência de sua fala. Ao seduzir sua voz é simulacro, viola o natural assumindo a característica da ilusão. É o eterno jogo da aparência versus a realidade, do artificial versus o natural, da sedução versus a produção. Baudrillard propõe confronto semelhante utilizando o termo "masculino" versus "feminino" onde o primeiro não é necessariamente o homem e nem o segundo a mulher. Ele associa por convenção o ato de seduzir ao "feminino", argumentando que aí se encontra o princípio da reversibilidade: que o feminino caracteriza o artifício, ao passo que o "masculino" é o inelutável definido. Entende-se, assim, a manipulação psíquica e neurótica de Lady Macbeth perante a ambição do marido. As contradições dessa agente sedutora não se resolvem nem são explicadas, mas contêm simultaneamente dois universos obscuros e herméticos: um de energia e outro de vulnerabilidade.

A descoberta do não/significado da sedução reverte-se na perda do poder sedutor. A energia se esvai e na mente de Lady Macbeth florescem signos flutuantes, imagens de vertigem e de submersão que culminam em loucura e consequente suicídio. Sua morte, semelhantemente a de ídolos como Marilyn Monroe e James Dean, devolve-lhe a áurea de sedução. Ela é estrela/mito, "mulher signo, presença de uma ausência"[25].

> Segundo Beaudrillard, "Ademais, o real nunca interessou a ninguém."[26]

Também o golpe de Estado se vale da mesma lógica baudrillardiana que fixa o paradoxo do golpista como seduzido e, concomitantemente, sedutor. Macbeth encarna a *ratio* do golpista, fascinado pelo poder, que extrapola os limites morais, legais e num ato brutal, toma para si o Reino da Escócia, violando a legitimidade tradicional da sucessão monárquica vigente à época.

Outrossim, o ato de tomada de poder é necessariamente dissimulado, e essencialmente calcado em uma legitimidade que é meramente ilusória. A oposição "nós" versus "eles" é continuamente alimentada por Macbeth, ao passo que tem o trono ameaçado pelo herdeiro legítimo.

---

[25] CASA NOVA, Vera Lúcia. *Gracilano Ramos se revela através de suas cartas*, in *Caminhos*, n. 6, dez., 1992. p. 78.

[26] BAUDRILLARD, Jean. *Da sedução*. Tradução: Tânia Pellegrini. Campinas: Papirus, 1991. p. 57.

Não se podem negar as semelhanças com a realidade contemporânea. A ilusão da legitimidade, tal qual a cultivada pelo protagonista da tragédia, se faz presente em muitos dos golpes atuais, nos quais se instrumentaliza a estrutura democrática em prol dos desígnios dos seus perpetradores.

Por fim, diante de todo o exposto, reitera-se a cautela no uso da expressão golpe de Estado para caracterizar o ato político performado na peça, evitando-se indesejável anacronismo, sendo que se fazem notáveis e dignas de destaque as semelhanças da estória ao conceito, bem como se ressalta sua notável conexão à sedução de Baudrillard.

POST SCRIPTUM

Vale lembrar que o longa-metragem *O Rei Leão*, montado e apresentado pela *Walt Disney Corporation*, evoca traços da criatividade shakespeariana. Essa animação original da *Disney*, lançada em 1994, segue um roteiro que sugere aspectos das tragédias do bardo inglês tais como *Hamlet* e *Macbeth*.

A primeira delas versa sobre o fratricídio do Rei Hamlet da Dinamarca (Mufasa), tramado por Claudio (Scar) usurpador do trono, e a consequente sede de vingança para restauração da ordem vigente que se desencadeia nos filhos herdeiros: Príncipe Hamlet (Simba).

A segunda conta o assassinato de Duncan, Rei da Escócia (Mufasa) pelo primo anfitrião e usurpador Macbeth (Scar), movido por ambições desmedidas para assumir o reinado. O herdeiro do monarca, Malcolm (Simba), foge, mas a experiência, o amadurecimento e a esperança conduzem-no de volta ao país para restaurar a paz, a legalidade e assumir seu devido cargo de liderança.

As histórias reais[27] somadas às visões fantasmagóricas e proféticas das Bruxas (macaco Rafiki) em *Macbeth* bem como ao aparecimento do espectro do líder assassinado em *Hamlet* parecem ter inspirado os criadores do espetáculo infantil. As três produções

---

[27] O vocábulo "reais" apresenta duas conotações distintas no texto: a primeira significa "coisas verdadeiras" e a segunda refere-se à "realeza".

focalizam quebra drástica na ordem governamental e contêm características de "golpe de estado". A busca pelo restauro da legalidade se dá após a eliminação dos culpados.

REFERÊNCIAS LITERÁRIAS

BAUDRILLARD, Jean. *Da sedução*. Tradução: Tânia Pellegrini. Campinas: Papirus, 1991.

BRETON, André. *Primeiro Manifesto do Surrealismo*, 1924.

CASA NOVA, Vera Lúcia. "Gracilano Ramos se revela através de suas cartas". *In: Caminhos*, n. 6, dez. 1992.

GAZOLLA, Ana Lúcia de Almeida. "Édipo-Rei e Macbeth: O poder do enigma, o enigma do poder". *In*: O enigma em Édipo Rei e outros estudos de teatro antigo (org.) Jacynto Lins Brandão. *Anais [...]* I Congresso Nacional de Estudos Clássicos: 1ª parte. CNPq/UFMG, 1984. Belo Horizonte, 1985.

SHAKESPEARE, William. Macbeth. *Cliff's Notes incorporated*. Lincoln, Nebraska. Consulting Editor: James L Roberts, Ph. D., Department of English University of Nebraska.

SHAKESPEARE, William. Macbeth. *Monarch Notes:* A Guide to Understanding the Classics. Arthur Gewirtz. Hofstra College.

SHAKESPEARE, William. *Macbeth*. Tradução: Beatriz Viégas-Faria. Primeira edição na Coleção L&PM POCKET, v. 203.

SHAKESPEARE, William. *"The Complete Works of William Shakespeare:* Comprising His Plays and Poems". Preface by Sir. Donald Wolfit, CBE. Introduction and Glossary by Dr. Bretislav Hodek.

REFERÊNCIAS JURÍDICAS

Disponível em: https://www.infoescola.com/politica/golpe-de-estado/. Acesso em: 10 set. 2021.

FILMES

O Rei Leão. Dir. Rob Minkoff, Roger Allers. Perf. James Earl Jones, Jeremy Irons, Jonathan Taylor Thomas. Walt Disney Pictures, 1994 DVD.

Macbeth: Ambição e Guerra. Dir. Justin Kurzel. Roteiro de Todd Louiso, Michael Lesslie. Perf. Michael Fassbender, Marion Cotillard, David Thewlis. Diamond Films, 2015 DVD.

TEATRO

Peça teatral *Macbeth*, tragédia do dramaturgo inglês William Shakespeare, encenada por Antônio Fagundes, Vera Fischer e grande elenco. Direção: Ulysses Cruz. Ano: 1992. https://www.youtube.com/watch?v=b98d0CqPSac.

Peça teatral *Hamlet*, tragédia do dramaturgo inglês William Shakespeare. https://www.youtube.com/watch?v=K5Bz4cfsP7k.

A AMPLA DEFESA E O CONTRADITÓRIO EM *ASSIM É SE LHE PARECE*, DE LUIGI PIRANDELLO[28]

Frederico Mourthé Savassi
Luis Felipe Mourthé Magalhães
Junia de Castro Magalhães Alves

RESUMO DA PEÇA E QUADRO DE CARACTERIZAÇÃO DOS PERSONAGENS

Objetivando relacionar o texto de Pirandello com a ampla defesa e o contraditório, é necessário que o leitor conheça minimamente o desenrolar do enredo, que segue abaixo:

A farsa em questão originou-se do conto *La Signora Frola e il Signor Ponza, suo gênero*, texto do próprio Pirandello, e versa sobre o tema "verdade" focalizando os binômios aparente e real, falso e autêntico: o autor questiona a ideia de uma realidade única e objetiva.

O contexto da obra é histórico: uma cidadezinha italiana e sua sociedade pequeno-burguesa onde as personagens são colocadas em situações antagônicas e/ou paradoxais para demonstrar o contraditório da existência.

Personagens	Caracterização
Sr.ª Frola	Veio de Avezzano (cidade destruída por terremoto em 1915), parte de um todo que se chama Marsica. Velhinha, modesta, delicadíssima, olhar muito triste.
Sr. Ponza	Veio também de Avezzano. Secretário/Funcionário da Prefeitura, gorducho, moreno, feroz, roupa preta, cabelos e bigodes negros, testa curta, fala violenta, olhos fixos e tétricos.

---

[28] Dramaturgo, poeta e romancista italiano – prêmio Nobel de Literatura (1934). Nascimento: Girgenti, 28 de junho de 1867 / Falecimento: Roma, 10 de dezembro 1936.

Personagens	Caracterização
Sr.ª Ponza	Também de Avezzano. Pivô do litígio central: filha da Senhora Flora e/ou 2ª esposa do Sr. Ponza.
Lamberto Laudisi	Caricato, provocador, ágil, elegante/mas grosseiro, irônico, realista, questionador, indiferente, sarcástico.
Sr.ª Amália: mulher do Conselheiro Agazzi e irmã de Lamberto Laudisi	Cabelos grisalhos, alta sociedade, realista, 45 anos.
Dina, filha deles	Questionamento de adolescente, real, perspicaz, argumentativa, engenhosa, curiosa.
Conselheiro Agazzi	Comendador: autoritário, desagradável,
Copeiro da casa dos Agazzi	Vassalo: neutro, irrelevante, excluído da trama.
Sr. Sirelli	Cerca de 40 anos, pretensões a elegante, curioso/intrometido/bisbilhoteiro.
Sr.ª Sirelli	Elegância provinciana, ardente de curiosidade, dura para com marido, cerca de 40 anos.
Prefeito	Alto, gordo, ar de fácil bom humor, 60 anos.
Comissário Centuri	Alto, rígido, carrancudo, 40 anos, comissário, mensageiro.
Sr.ª Cini	Velha, deselegante, dissimulada, emotiva.
Sr.ª Nenni	Velha, deselegante, desajeitada, curiosidade doentia, reservada, temerosa.
Outros senhores e senhoras	Público, audiência.

INTRODUÇÃO

É de se frisar, de forma sintética, que o processo concebido à luz da Constituição brasileira funciona como instrumento de efetivação da democracia, da cidadania e da soberania de um povo. E por isso mesmo, adiante, o presente ensaio focalizará a ampla defesa e o contraditório.

Audi alteram partem é uma expressão em latim que significa "ouvir o outro lado" ou "deixar o outro lado ser ouvido". Partindo desse contexto vamos ao encontro do princípio constitucional da ampla defesa e do contraditório (art. 5º, LV, Constituição Federal). Por sinal, no Brasil essa é a norma fundamental vigente, que prevalece sobre qualquer outra, considerada sua supremacia constitucional:

Leia-se:

> **Art. 5º** Todos são iguais perante a lei, sem distinção de qualquer natureza, garantindo-se aos brasileiros e aos estrangeiros residentes no País a inviolabilidade do direito à vida, à liberdade, à igualdade, à segurança e à propriedade, nos termos seguintes:
>
> **LV** - aos litigantes, em processo judicial ou administrativo, e aos acusados em geral *são assegurados o contraditório e a ampla defesa, com os meios e recursos a ela inerentes [...]*.

O princípio jurídico, objeto deste estudo, necessita de dois polos (ativo e passivo) que se oponham de modo que o órgão responsável pelo julgamento o faça sem assumir lado na demanda, restringindo-se a proferir uma decisão imparcial, segundo as pretensões e alegações das partes. Para esta análise, faz-se necessário entender separadamente os conceitos de ampla defesa e contraditório.

De acordo com Marcos Marins Carazai, ampla defesa significa "a plena e completa possibilidade de o réu produzir provas contrastantes às da acusação, com ciência prévia e integral do conteúdo da acusação, comparecendo participativamente nos atos processuais, representado por defensor técnico".[29] É de se notar que a ampla defesa, portanto, corresponde à faculdade da parte litigada em demonstrar seu direito, com exposição de suas razões, segundo seu ponto de vista, e com todos os meios postos pela lei, para o veredito final sobre o fato jurídico demandado.

---

[29] Disponível em: https://jus.com.br/artigos/53601/o-principio-da-ampla-defesa-e-seus-aspectos#_ftn2. Acesso em: 3 mar. 2021.

Já o contraditório, nas palavras de Joaquim Canuto Mendes de Almeida[30], é "a ciência bilateral dos atos e termos processuais e possibilidade de contrariá-los", ou seja, é a chance de conhecer o processo de acusação na integra e o direito em rebatê-lo, nas formas da lei.

Assim sendo, os princípios do contraditório e da ampla defesa, em matéria de processo, são jurídicos e de magna importância para as esferas judicial e administrativa. Eles exprimem a garantia de que ninguém pode sofrer os efeitos de uma decisão sem que lhe seja possibilitada uma interferência efetiva antes do veredito. Entende-se tal interferência como pronunciamento do órgão do Estado, responsável por conhecer a matéria, seja ela qual for: penal, cível, tributária ou sobre eventual penalidade administrativa. Cuida-se de um direito de defesa, em que se mostra inexorável conhecer as razões de ambas as partes naquele espaço procedimental, onde será obrigatório ao órgão do Estado conhecê-las para definição adequada e fundamentada.

Se há processo, com a presença das partes interessadas em determinado pronunciamento quanto à conjuntura jurídica e que, em virtude disso, sustentam posições distintas e opostas, o Estado deverá conhecer os argumentos de cada uma delas, para julgamento imparcial segundo suas pretensões e fundamentos de direito, com as demonstrações necessárias em tal espaço discursivo.

Antes de prosseguirmos, necessária a compreensão sobre o que vem a ser o processo, seja ele judicial ou administrativo, sem exclusão do legislativo, ainda em que breves linhas. E até mesmo nas sociedades, sobretudo contemporâneas, há um direito como padrão de normas jurídicas que orientam a atividade humana, com regulação de interesses, obrigações e responsabilidades, para resolver demandas.

Assim sendo, a insatisfação e conflito entre pessoas não passam de exemplos da realidade das sociedades de qualquer época ou lugar e, por isso mesmo, a ciência jurídica se encarrega de dar resposta a

---

[30] ALMEIDA, Joaquim Canuto Mendes de. 1937, p. 110; ALMEIDA, Joaquim Canuto Mendes de. 1973, p. 80.

determinados impasses, com racionalidade normativa que orientará decisão a ser firmada por órgão do Estado, com pronunciamento judicial ou administrativo.

Quanto à farsa, é uma forma de comédia que, sobretudo, define-se a partir de um plano artificial para construção do enredo e de situações cômicas e caricaturais em detrimento da sagacidade, perspicácia, espírito humorístico e outras faculdades psíquicas das personagens. É uma arma de crítica e de combate a serviço dos valores morais que defende. Por meio do riso, desnudam-se as mazelas da sociedade. O cômico tem amplo apelo popular, pois desencadeia o hilariante ao passo que requisita um consumo mínimo de esforço intelectual.

Esse tipo de comédia, fábula Atelana, data pelo menos da Roma Antiga e desenvolveu-se entre os povos itálicos bem antes do influxo das tradições dramáticas gregas. Aproxima-se do lema das comédias latinas de Plauto e Terêncio: *"ridendo castigat mores"* (rindo corrigem-se os costumes). Foi expressão teatral dominante durante a Idade Média, manifestando-se *a posteriori* repetidamente nos palcos franceses, alemães e ingleses.

A farsa opera em grau de credibilidade baixa, quando se aceita de bom grado a premissa do absurdo central do enredo, visando ao divertimento, ao deleite e à descontração.

Já a escolha do binômio "farsa filosófica", outorgado pelo autor, parece calcar-se na intenção de confirmar a intelectualidade da obra enquanto sustentáculo de um enredo articulado e de um tema abstrato espiritual e metafísico. Entretanto, é justamente por isso que o teatrólogo, utilizando-se ardilosamente da oratória para uma argumentação psicodélica - posto que adequada ao comportamento das personagens protagonistas - ora convence, ora confunde elenco e plateia ávidos pelo conhecimento da "verdade".

Mais ainda, é a partir do raciocínio de Parmênides, filósofo grego natural da Eleia, que a peça desenvolve o tema do conflito da aparência e da opinião dos homens *versus* à realidade do Ser: entidade abstrata, quase divina. Uma análise simplificada da filosofia parmenídica resulta em dicotomias entre crença e verdade, sensibilidade e razão, ponto de vista e fato. Na esteira da opinião, Parmênides estuda o mundo das aparências em que o sistema sensorial leva a concepções ilusórias. Todavia, o peso e a força dos argumentos somados à originalidade do pensador impressionaram e influenciaram outros estudiosos tais como Platão, Aristóteles, Hegel e Einstein. Ocorre que, como se apresentam na peça, indivíduos diferentes com interesses distintos tornam-se, por vezes conscientemente ou não, "impostores de si mesmos ao passo que se ludibriam por conveniência"[31], posição exposta e defendida por Pirandello em *Assim é se lhe parece.*

É essa filosofia do jogo da "verdade": do que é próprio ou impróprio, correto ou incorreto, justo ou injusto, legal ou ilegal, possível ou impossível, moral ou imoral, do falso e do verdadeiro, que permeia o mundo jurídico e o da dramaturgia no escopo do contraditório.

ARGUMENTAÇÃO

O Direito processual constitucional é fundado e orientado pelo devido processo legal de onde são extraídos o contraditório e a ampla defesa, expressões do exercício da cidadania.

Dessa forma, o princípio do contraditório é corolário do devido processo legal. Assim, o acusado tem a prerrogativa de se defender, apresentando seu ponto de vista pautado em fatos segundo sua ótica. É indispensável, para vigor da defesa, dualidade entre as partes com espaço discursivo. O debate é de suma importância. O princípio do contraditório pressupõe o direito de resposta contra a acusação. E, para tanto, inafastável a dialeticidade entre os envolvidos. Deve-se, portanto, assegurar às partes condição de se manifestar em igualdade, ou mesmo a escolha de nada dizer (direito ao silêncio, com ênfase aos procedimentos criminais). Sem o contraditório, garantia advinda do texto constitucional, o processo daria lugar à inquisição, procedimento em que se suprime a liberdade e igualdade entre as partes sujeitas ao arbítrio do julgador.

---

[31] CURI, Dib. *Assim é se lhe parece:* "o rosto enganador deve ocupar o que o falso coração sabe". Disponível em: http://www.forumseculo21.com.br/materias285,assim-e-se-lhe-parece.html.

De maneira análoga, os acontecimentos da peça reproduzem um processo judicial que, mesmo sem as formalidades preconizadas pela lei, apresentam características similares. A propósito, cabe assinalar que Estado de Direito Democrático é aquele que expressa a modernidade e é submetido às normas jurídicas, sobretudo à Constituição promulgada por seu povo por meio de assembleia nacional constituinte. Em outras palavras, é o Estado que prima pelo princípio da dignidade da pessoa humana, com extenso rol de direitos, liberdades e garantias pautadas na Constituição Federal, como princípio da igualdade, reserva legal, contraditório e ampla defesa.

Partindo da noção que o texto de Pirandello coloca dois dos personagens principais (Sr.ª Frola e Sr. Ponza) em lados adversos, onde um alega que o outro é particularmente louco, demonstramos como ambos se utilizam do princípio constitucional da ampla defesa e do contraditório, pilares de qualquer Estado que se denomina Democrático e de Direito, para provar que a premissa do oponente é falsa, ou seja, que não são mentalmente desequilibrados.

A norma fundamental brasileira insere o processo como instituição do Direito, previsto pelo ordenamento jurídico pátrio, para solução adequada e formal dos conflitos entre as pessoas, sendo a regra o pronunciamento por meio do exercício da tutela jurisdicional.

Todo processo só deve ser concebido como instituição jurídica, quando seguir os postulados da Constituição. No caso, o contraditório e a ampla defesa, assuntos pertinentes ao presente trabalho, são necessários para formação da íntegra do procedimento, garantindo o equilíbrio indispensável para solução dos conflitos. Só assim, com observância aos princípios constitucionais, haverá legitimidade democrática para desenvolvimento válido dos respectivos pronunciamentos jurisdicionais, ou quando o caso, dos administrativos.

Considerando que este trabalho visa analisar a peça sob a égide do Direito de forma análoga, o contraditório e a ampla defesa precisam ser respeitados no que tange à Sr.ª Frola e ao Sr. Ponza, garantindo a cada um deles a vez de se pronunciar (ampla defesa) e a possibilidade de rebater o que é afirmado pelo outro (contraditório).

O processo legal deve ser ajustado aos postulados constitucionais, como procedimento que se desenvolve em contraditório entre as partes, isto é, com a participação antagônica delas em igualdade de condições até o pronunciamento decisivo. Isso se refere não só no que diz respeito às faculdades para se expressarem, mas também para a construção do arcabouço probatório.

Ele genro e ela sogra são oriundos de Avezzano, comuna italiana pertencente ao território de Marsica em Abruzzo, destruída em 1915 por um terremoto. A Sr.ª Frola é uma velhinha triste, modesta e muito delicada. Por sua vez o Sr. Ponza, funcionário da prefeitura extremamente valorizado, é gordo, moreno, feroz, tem testa curta e bigodes negros. Ambos se vestem de preto, assim como a terceira personagem principal (Sr.ª Ponza)[32], objeto da desavença. A cor da vestimenta representa o luto desses indivíduos que sobreviveram "ou não" à catástrofe geográfica/ambiental, conferindo-lhes também características fantasmagóricas góticas. Mais do que isso, todo o processo traumático resultou em um claro desequilíbrio mental/emocional que culmina com a suposta loucura presente na personalidade irrealista deles.

---

[32] Toda caracterização das personagens é retirada da peça.

[33] Fonte: https://www.rainews.it/dl/rainews/media/Terremoto-della-Marsica-le-immagini-della--distruzione-a-un-secolo-dalla-tragedia-933c856b-c079-456c-8003-6200c102c72b.html#foto-1.

A ideia do surreal permeia a obra de Pirandello iluminando o desenho de suas personagens. Segundo André Breton, o surrealismo[34] tem como meta "resolver o contraditório até então vigente

---

[34] A palavra surrealismo supõe-se ter sido criada em 1917 pelo poeta Guillaume Apollinaire (1886-1918), jovem artista ligado ao cubismo e autor da peça teatral As Mamas de Tirésias (1917), considerada uma precursora do movimento. Um dos principais focos é o Manifesto Surrealista (1924). https://www.google.com/search?q=1%C2%AA+obra+literaria+surrealista&rlz=1C1GCEA_enBR-787BR787&ei=Lu1tYIavLI-r5OUP9cuy4A4&oq=1%C2%AA+obra+literaria+surrealista&gs_lcp=-Cgdnd3Mtd2l6EAM6BwgAEEcQsANQsUNY91FgrVVoAXACeACAAcYBiAGiEJIBBDAuMTGYA-QCgAQGqAQdnd3Mtd2l6yAEIwAEB&sclient=gws-wiz&ved=0ahUKEwiG_vjC1ezvAhWPFbkGH-fWlDO0Q4dUDCA0&uact=5.

entre o sonho e o real pela criação de uma suprarrealidade..."[35], contraditório esse causado pelo terremoto, ou seja, a consequência irreparável instalada não só na mente, mas também representada pelas disparidades presentes nas respostas verbais e no comportamento dos protagonistas antagônicos. O surreal amplifica, deturpa e deforma a realidade.[36]

Os surrealistas argumentam que o sonho representa 50% (cinquenta por cento) do nível de experiência das pessoas, afinal dorme-se cerca de 1/3 (um terço) da vida e mesmo, quando conscientes, a imaginação e o pensamento permanecem em atividade (amplificação do estado racional).

As personagens coadjuvantes e grande parte da plateia de *Assim é se lhe parece* procuram, no desenrolar da peça, uma verdade objetiva do mundo dito real, mas se defrontam com o surreal onipotente do sonho, do pesadelo, da ansiedade... Entretanto, os protagonistas argumentam de forma a dificultar a descoberta da coerência, já que se referem ao contexto surreal. As argumentações e respostas soam concretas e válidas a partir de ângulos antagônicos. A ampla defesa e o contraditório, no processo de desconstrução da versão divergente, buscam uma resposta plausível para o impasse. As personagens principais se enquadram em campos desnivelados das secundárias: o surreal e o real. Assim sendo, as argumentações opostas - a partir de atmosferas distintas – não estabelecem nexo de causalidade.

Importante enfatizar o enredamento das representações do surreal frente ao real, porquanto este possui natureza lógica e mais fácil de ser compreendida. Já as características surreais beiram a loucura e o absurdo.

---

[35] Fonte: https://aucagencia.wordpress.com/2013/08/30/o-real-e-irreal-do-surrealismo/.

[36] Suprarrealidade - *Virgínia Carvalho de Assis*
O que o movimento francês reclama é a reconciliação dos opostos. Contrapondo-se ao dualismo defendido pelo logocentrismo ocidental, propõe-se o monismo, onde há espaço para uma dupla presença. Ao contrário do que ocorre no fantástico, "para o monismo surrealista, as exigências das duas partes devem ser mantidas, não sendo nenhuma delas anulada pela outra" (DUROZOI; LECHERBONNIER, 1972, p. 106). No primeiro manifesto, Breton propõe que se institua a super-realidade ou suprarrealidade, onde estados contraditórios como o sonho e a realidade se relacionem. (BRETON, 1976, p. 177). Fonte: http://revistas.newtonpaiva.br/pos-em-revista/e6-let38-o-fantastico-surrealista-de-murilo-rubiao/.

O surrealismo, como os demais movimentos literários e artísticos, pode ser representado por diversas formas estéticas de expressão: pintura (estático/visual), literatura (mental/visual), música (áudio/sensitivo). O teatro e o cinema são representações áudio visuais do sonho, da ideia e da arte em movimento. Cada uma das cinco abordagens mencionadas provoca respostas *sui generis* nesse universo alternativo em que nem a moral nem a razão prevalecem e onde a instância psíquica do *id*[37] liberta-se da censura, da racionalidade e da moralidade.

Pirandello recorre à técnica literária entendida como disseminação e recolha amplamente adotada na literatura barroca pelo virtuoso Padre Vieira. Na primeira, "disseminação", compilam-se dúvidas e ideias por meio de perguntas isentas de respostas objetivas. Na segunda, "recolha", retomam-se as mesmas questões, com argumentos nem sempre adequados, mas assertivos, baseados em exemplos. Essa oratória afilia-se a uma tendência popular da ocasião: o conceptismo, que conduzia a um jogo de verdades contraditórias. Uma crise de valores semelhante às do século XVII mostra-se presente, em *Assim é se lhe parece*, visando alinhar a lógica com a esperança de uma certeza conciliatória.

Outra técnica literária também trabalhada genialmente pelo escritor é aquela entendida por verossimilhança (qualidade do que é verossímil), que consiste no nexo ou harmonia entre ideias e fatos para a construção da trama em *Assim é se lhe parece*.

No entanto, pode-se questionar a existência meramente física dos protagonistas: vestem-se de preto, o que sugere luto, mas também lembra uma pintura gótica e fantasmagórica. A incoerência, onde um refere-se ao outro como louco, mas ao mesmo tempo o enobrece e o admira, traz à tona indagações sobre a realidade objetiva das personagens já que a consciência, o espírito e o cérebro estão diretamente ligados, sendo o último a única entidade concreta. Daí acredita-se que a inteligência e a consciência sejam inerentes ao espírito, mas não se materializariam sem o cérebro, instrumento processador do raciocínio. Logo, a insanidade das personagens

---

[37] Sistema básico da personalidade, que possui um conteúdo inconsciente, por um lado hereditário e inato e, por outro, recalcado e adquirido, de acordo com a segunda teoria freudiana do aparelho psíquico.

seria fruto da desconexão do espírito com a matéria, inserindo os protagonistas em um contexto surreal. Nessa esteira podemos enquadrar esta enigmática família.

O corpo e o espírito interligam-se em vida (um é o outro a partir de variações e metamorfoses da identidade) e se desconectam com o falecimento. Segundo Allan Kardec, "o perispírito é o órgão sensitivo do espírito, por meio do qual este percebe coisas espirituais que escapam aos sentidos corpóreos. Pelos órgãos do corpo, a visão, a audição e as diversas sensações são localizadas e limitadas à percepção das coisas materiais; pelo sentido espiritual, ou psíquico, elas se generalizam: *grosso modo* o espírito vê, ouve e sente, por todo o seu ser, tudo o que se encontra na esfera de irradiação de seu fluido perispirítico". Esse mundo surreal onipotente paira além do bem e do mal onde nem a moralidade nem a razão prevalecem e qualquer coisa é possível: um universo alternativo permeado de pesadelo e ansiedade que, no entanto, faz parte da existência.

Outra hipótese verossímil, plausível para a sustentação da trama, baseia-se na doxa do eterno retorno ou eterna recorrência, que vem se desenvolvendo e modificando ao longo dos séculos:

a. Na Grécia Antiga, a crença consistia na periódica ruína e consequente recriação do cosmos;

b. O pensamento latino focava a metempsicose: transmigração da alma para um corpo vivo ou não;

c. Religiões indianas acreditam no renascimento das almas até a salvação.

d. Camus em *O mito de Sísifo* reza que a natureza repetitiva da existência representa o absurdo da vida;

e. Nietzsche inclui o eterno retorno em sua filosofia e questiona o valor da objetividade e da verdade absoluta;

f. Kardec defende a investigação científica racional baseada em fatos observáveis: "Nascer, morrer, renascer ainda e progredir sem cessar: essa é a lei" (frase esculpida no frontispício do dólmen do fundador do espiritismo).

A teoria do eterno retorno defende que o universo, sua existência e energia são recorrentes e que assim continuarão infinitamente de forma semelhante. Esse enfoque é ainda encontrado em pensadores do Egito antigo, na literatura judaica (Eclesiastes) e mais tarde nos pitagóricos e estoicos, relacionando-se também com a filosofia adepta à ideia de que os indivíduos são predestinados a repetir periódica e inconscientemente os mesmos fatos.

Servem de exemplo da eterna recorrência as histórias de César e Cleópatra, Cristo e Madalena, Romeu e Julieta, Tristão e Isolda entre outras. O Sr. e a Sr.ª Ponza sugerem uma versão fantasmagórica desses pares.[38]

Há estudos no campo da web-improvisação e da encenação, com base no texto original de *Assim é se lhe parece*.

As investigações em processo desenvolvem-se *on-line*, a partir da retomada das atividades letivas em formato remoto, por pesquisadores da Universidade Federal de Goiás.

Apesar de utilizar o texto original como referência, a construção dramatúrgica no caso é interessante e inovadora a partir de experiências do grupo: com processos de análise de texto e elaboração de um novo desfecho por eles adaptado.

A resposta encontrada para o *denoument* da peça é o argumento que - embora questionável, mas objetivamente plausível - a Senhora Ponza, filha da Senhora Flora, tendo sido registrada como falecida, na realidade sobrevivera à catástrofe, e por isso fora obrigada a refazer seus votos em um segundo casamento.

A "sobrevivente" conta essa sua história em estacato, gaguejando, indecisa, aparentemente sem convicção, deixando o espectador/leitor incrédulo da veracidade do discurso, o que a faz participe do grupo fantasmagórico.[39]

---

[38] Disponível em: https://pt.wikipedia.org/wiki/Eterno_retorno#:~:text=O%20eterno%20retorno%20 (tamb%C3%A9m%20conhecido,de%20certas%20recorr%C3%AAncias%2C%20como%20em.

[39] *Assim É (se lhe Parece)* - (EMAC/UFG - GO). Disponível em: https://www.emac.ufg. br/p/36349-assim-e-se-lhe-parece.

Já o autor traça uma linha magistral de raciocínio que consiste em desenhar as personagens coadjuvantes à imagem e semelhança dos espectadores curiosos, construindo no texto um paralelo entre as indagações de uns e de outros. Essa é uma cartada perspicaz: a inserção do público na peça como alongamento do elenco.

Pirandello utiliza-se da mesma técnica para incluir-se na trama. A personagem Lamberto Laudissi carrega características que a assemelham notoriamente às de seu criador: caricato, ágil, elegante, irônico, realista, indiferente, sarcástico, provocador e até mesmo grosseiro. Nessa linha, como *Deus ex machina*[40] outras personagens brotam gradativa e magistralmente da varinha de condão do teatrólogo para espelhar, cada um a seu turno, os anseios, as virtudes, os defeitos, as mazelas, a esperança e o desespero, a curiosidade legítima ou mórbida de seus pares na plateia.

Essa curiosidade é eminente em quase todos os coadjuvantes, podendo-se talvez excluir o Prefeito (moderador), Lamberto (cético), o Comissário Centuri (mensageiro) e o copeiro (vassalo, neutro, irrelevante, excluído da trama). Esse mesmo sentimento invade o leitor/espectador independente de suas características pessoais: cultura, experiência, maturidade, percepção...

Empatia ou não pelas versões antagônicas dos protagonistas (sogra e genro) leva essa outra torcida (os espectadores), à desconfiança, dúvida, ceticismo, curiosidade e até à bisbilhotice: sentimentos e ou respostas que brotam na plateia transmutada em personagem.

CONCLUSÃO

A intriga articulada pelo teatrólogo - com uma mescla virtuosa de humor, suspense, ironia e sarcasmo somados às acusações, argumentações e reinvindicações dos protagonistas - lança mais dúvidas

---

[40] No drama grego, a expressão latina *ex machina*, originária do grego ἀπὸ μηχανῆς θεός (apò mēkhanḗs theós) era usada para indicar a interferência divina no desenvolvimento da peça por meio de mecanismos alheios ao contexto, com o intuito de resgatar e consequentemente salvar o herói das intempéries, facilitando ou solucionando o desfecho da trama.

do que respostas à elucidação do impasse e conclui ser impossível a existência de uma objetividade única, inocentando ambos "os réus" (Sr. Ponza e Sr.ª Flora).

Entretanto, o título escolhido (*Assim é se lhe parece*) já indicia o *denouement* do enredo. A resposta da testemunha pivô do litígio, "Sou filha da Senhora Flora e segunda mulher do Senhor Ponza", embora frustrante para o espectador/leitor, é o ponto final do impasse e a vitória escancarada do ceticismo de Lamberto Laudise, *alter ego* de Luigi Pirandello, na batalha contra as máscaras sociais: nesse caso, a curiosidade doentia e obsessiva da maior parte das demais personagens e da plateia, comumente denominada "disse me disse".

Vale lembrar que os leitores e espectadores, hipnotizados pela magia e sedução do teatrólogo, somam-se ao elenco. Uma resposta artificial acrescida de doses de artimanha literária abre margem à comédia ser incluída no rol das farsas, já que o autor prioriza um desfecho aparentemente oco (conclusão frustrante, embora necessária) no estilo *Deus ex machina* o que não corresponde, considerando-se o enredo magistral com características surreais góticas, à expectativa da maioria de quem lê a peça ou assiste ao espetáculo.

Entretanto, é exatamente esse o artifício utilizado por Pirandello ao criticar as mazelas representadas pela maioria das personagens. O escritor de maneira abrupta finaliza o texto sem burilá-lo, aparentando exaustão do próprio exercício criativo despendido no corpo do trabalho, mas provavelmente consciente ao adotar essas e outras características próprias da farsa.

A dúvida suscitada pela oratória dos "advogados/partes" oponentes, genro e sogra, busca resposta objetiva para o desfecho insatisfatório da peça, mas percebe-se gradativamente a inexistência dessa resposta.

A acusação de insanidade imputada à Sr.ª Frola e ao Sr. Ponza, um ao outro, traz uma querela rodeada de interrogações insolucionáveis já que, pautadas na desconstrução de discursos antagônicos, pretendem legitimar suas versões.

De forma límpida, é possível concluir que a ampla defesa e o contraditório possuem relação próxima, sendo um de exercício simultâneo ao outro no processo, sobretudo, porque o Estado deve facultar aos litigantes a possibilidade de deduzir suas pretensões em espaço democrático, para a necessária fundamentação jurídica e, em se tratando de acusação formulada contra alguém, inafastável a dialeticidade no desenvolvimento do processo constitucional.

Para o Direito a busca de respostas objetivas na solução dos conflitos é a meta principal já que, "enquanto ciência normativa organiza e reafirma o rotineiro e o cotidiano. Preserva o existente. É um selo sobre a inevitabilidade do real..."[41].

Entretanto, a discussão e as opiniões contraditórias tornam todas as demandas subjetivas. Por mais que uma resposta pareça óbvia, sempre existirá o contraponto (contraditório). Assim como acontece com a Sr.ª Frola e o Sr. Ponza, que são seus próprios advogados, os anseios jurídicos que permeiam os círculos sociais estão cercados de subjetividade. Responder às dúvidas e optar por caminhos fazem parte do Direito e da Literatura, que embora diversos, complementam-se na busca de um horizonte comum.

"A relação entre Direito e Literatura pode ser resumida em uma dialética entre preservar e romper. Entre manter e superar. A dialética entre o cuidado e o risco".[42]

Na literatura, como em *Assim é se lhe parece*, a sobrevivência das indagações sem resposta definitiva ou objetiva é uma escolha. Entretanto, no processo penal, em face de repercussões sobre a liberdade, forma mais gravosa de intervenção do Estado na vida da pessoa, não é cabível a dúvida, mas, se persistir, não deverá haver decisão condenatória.

REFERÊNCIAS JURÍDICAS

ALMEIDA, Joaquim Canuto Mendes de. *A contrariedade na instrução criminal*. Tese (Doutorado em Livre Docência) Departamento de Direito Processual — FADUSP, **São Paulo, 1937.**

---

[41] NOGUEIRA, Bernardo G. B. *Direito e literatura: por que devemos escrever narrativas?* p. 5.

[42] *Idem.*

BADARÓ, Gustavo Henrique. *Direito Processual Penal*. 1. ed. Editora Elsevier, 2007.

BRASIL. *Constituição Federal Brasileira*, 1988.

DIAS, Ronaldo Brêtas de Carvalho. *Processo Constitucional e Estado Democrático de Direito*. 4. ed. Editora: Del Rey, 2018.

FERNANDES, Antônio Scarance. *Processo penal constitucional*. 6. ed. Editora Revista dos Tribunais, 2010.

PAVANI, Alex Roni Alves. *O princípio da ampla defesa e seus aspectos*. Disponível em: https://jus.com.br/artigos/53601/o-principio-da-ampla-defesa-e-seus-aspectos#_ftn2. Acesso em: nov. 2016.

REFERÊNCIAS LITERÁRIAS

AIDAR, Laura. *Surrealismo*. Disponível em: https://www.todamateria.com.br/surrealismo/.

BECKSON, Karl; GANZ, Arthur. *Literary terms:* a dictionary, 1979. UFA. Publicado simultaneamente no Canadá por McGraw-Hill Ryerson Ltd, Toronto.

BRETON, André. *Primeiro Manifesto do Surrealismo*, 1924.

CASERTANO, Giovanni. Kriterion: A cidade, o verdadeiro e o falso em Parmênides - *Revista de filosofia*. On-line version ISSN 1981-5336. Disponível em: http://doi.org/10.1590/S0100-512X2007000200003.

CURI, Dib. *Assim é se lhe parece*: "o rosto enganador deve ocupar o que o falso coração sabe". Disponível em: http://www.forumseculo21.com.br/materias285,assim-e-se-lhe-parece.html.

KARDEC, Allan. *A Gênese*: os milagres e as predições segundo o espiritismo – capítulo XIV, item II. Tradução: Albertina Escudeiro Sêco. Revisão técnica, atualização de conhecimentos em geral e de termos técnico-científicos, ampliação com ilustrações e legendas Cláudio Lirange Zanatta. 1. ed. Rio de Janeiro: CELD, 2008.

NOGUEIRA, Bernardo G. B. *Direito e literatura*: Por que devemos escrever narrativas?

PIRANDELLO, Luigi. *Assim é se lhe parece*. Tradução: Millôr Fernandes.

PIRANDELLO, Luigi. *La signora Frola e il Signor Ponza suo gênero*. Youtube. Disponível em: https://www.youtube.com/watch?v=If90Aam4Ju4.

REFERÊNCIA DE DRAMATURGIA

ASSIM É (se lhe Parece) - (EMAC/UFG - GO). Disponível em: https://www.emac.ufg.br/p/36349-assim-e-se-lhe-parece.

PIRANDELLO, Luigi. *La signora Frola e il signor Ponza, suo gênero*. Youtube. Disponível em: https://youtu.be/g01VLEPqX7E.

DIREITO PENAL TRIBUNAL DE EXCEÇÃO EM *AS BRUXAS DE SALEM*, DE ARTHUR MILLER[43]

Lucas Silvani Veiga Reis
Luis Felipe Mourthé Magalhães
Junia de Castro Magalhães Alves

RESUMO DA PEÇA

Para relacionar o texto de Arthur Miller aos conceitos de juízo natural e tribunal de exceção, é preciso que o leitor conheça minimamente o fato histórico da "caça às bruxas", que ensejou os julgamentos daquelas de Salem.

A peça focaliza a narrativa de adolescentes que, após participarem de atos de feitiçaria, isentaram-se de culpa, colocando-se como vítimas e assim instauraram na cidadezinha um clima de pânico e de denúncias, levando à formação de um tribunal inquisitório responsável por delações e confissões forçadas.

A tragédia em questão desenrola-se no estado de Massachusetts e versa sobre a perseguição e condenação à forca das pessoas acusadas de promover atos de bruxaria. O autor descortina a natureza humana e questiona a histeria coletiva resultante do medo da morte, implantado pela política vigente. Ele versa ainda sobre o peso da culpa, a ambição desmedida, a lealdade, o amor e o arrependimento.

O contexto da obra é histórico: uma cidadezinha americana e sua sociedade teocrata, onde as personagens são colocadas em situações acusatórias beligerantes. Isso porque, no dia 27 de maio de 1692, o governador William "Bill" Phillips criou um tribunal

---

[43] Arthur Asher Miller (Nova Iorque, 17 de Outubro de 1915 — Roxbury, Connecticut, 10 de Fevereiro de 2005), dramaturgo norte-americano, mais conhecido por ser o autor das peças *Morte de um caixeiro viajante* (*Death of a salesman*) e *As bruxas de Salem* (*The crucible*) e por ter sido casado com a atriz Marilyn Monroe. Morreu de insuficiência cardíaca crónica.

especialmente para os casos de bruxaria, esse extinto pelo próprio criador um ano depois em maio de 1693. Curiosamente, o término dos trabalhos jurídicos se deu por causa da acusação imputada a sua esposa, o que evidencia os interesses obscuros que permeavam e direcionavam as opções dos líderes à época.

O autor explicita guerra ao macarthismo, utilizando a peça, que contém mensagem ideológica, econômica, territorial, de posse, de vingança e étnica, entre outras.

A obra é também, sobretudo, trabalho de alta qualidade dramática que carrega consigo uma dimensão alegórica sociopolítica.

O caso emblemático de *As Bruxas de Salem* é um dos maiores equívocos jurídicos registrados. O enredo já seria impactante se o drama fosse ficção, mas tratando-se de realidade fica mais surpreendente. A História relata ocorrências de julgamentos semelhantes, assentes nos ditames regidos pelos tribunais de exceção. Para bom entendimento é necessário conhecer os conceitos dos binômios "juízo de exceção" e "juízo natural".

Os tribunais ou juízos de exceção são dotados de características específicas. A mais eminente é que são instituídos de maneira temporária e excepcional. São comuns em políticas ditatoriais e contrárias ao Estado Democrático de Direito. A falha óbvia em um tribunal dessa natureza é pecar pela parcialidade no julgamento e, consequentemente, implantar-se para conduzir a decisão de um caso específico. Outro ponto capital é que sua criação se dá *a posteriori* da ocorrência do fato e, dessa forma, a segurança jurídica fica prejudicada pela perda de garantias processuais: a condução do julgamento por um juiz natural, a legalidade, a igualdade e a dignidade da pessoa humana. Também podem ser citadas a reanálise dos casos em duplo grau (que apesar de não ter vínculo direto com juízo de exceção, comumente é suprimida) e o direito ao contraditório e à ampla defesa (que ficam flagrantemente inviabilizados diante da explícita parcialidade do tribunal criado).

O princípio do juiz natural é antagônico ao tribunal de exceção e refere-se à existência de um juízo adequado para julgamento das demandas, de acordo com a competência jurisdicional. Para escolha desse princípio existem regras claras e rigorosas elaboradas anteriormente à ocorrência dos fatos a serem apreciados, e por consequência, a vedação de juízos extraordinários organizados posteriormente. Dessa forma, as varas de família são responsáveis pelas ações de união estável, divórcio, pensão alimentícia, casamento, entre outras. Já as varas criminais julgam os processos de roubo, latrocínio, estupro e assim por diante. Enfatiza-se, por outro lado, que a competência não se determina apenas pelo objeto, podendo ser também imputada a diversos fatores, tais como soberania nacional, hierarquia, atribuições dos órgãos jurisdicionais, natureza, foro privilegiado e limites territoriais.

Dentro dessa lógica conferimos ao julgamento das bruxas em Salem o conceito explicitado. Assim vejamos:

O tribunal americano criado pelo governador Phillips é instituído após o surgimento das "bruxas" e julga casos apenas dessa natureza. Nitidamente é possível destacar que a excepcionalidade e a temporalidade são elementos presentes e, portanto, caracterizadores indubitáveis da exceção. Também é óbvio que as personagens condenadas são, na maioria, pessoas com menos posses e logo incapazes de apresentar defesa adequada, exceto os casos dos Corey, Giles e de Martha, que exemplificam o interesse econômico movendo as condutas jurídicas. Ainda na mesma linha pode ser incluída a venda de Tituba, a escrava que, depois de presa, torturada e ré confessa de bruxaria foi, segundo relata a História, vendida e possivelmente levada para as ilhas das Bahamas.

Arthur Miller (1915-2005), um dos talentosos dramaturgos americanos do período pós-segunda guerra mundial, utiliza em *As bruxas de Salem* a técnica literária da verossimilhança externa, ou seja, a apropriação e modificação de fatos históricos da pequena vila do século XVII para conferir ao texto maior dramaticidade na percepção dos fatos. O teatrólogo focaliza nesse drama sociopolítico assuntos de família pertencentes, sobretudo, às classes média e baixa. Os principais temas abordados são o terrorismo emocional, a luta entre os direitos humanos e os esforços para destruí-los disfarçados na decência, no decoro e na integridade.

Apesar de o livro relatar a abertura de um tribunal de exceção no século XVII, não se pode deixar de mencionar que, mesmo em tempos recentes, tem sido corriqueira a criação de cortes para decidir determinados casos com exclusividade, sendo tal fato comum em ocorrências consideradas ofensivas aos direitos humanos.

O tribunal de exceção mais notório na atualidade é o de Nuremberg. Ele foi instituído para julgar os crimes de guerra e aqueles contra a paz e a humanidade, cometidos pelo regime nazista, durante a Segunda Guerra Mundial. No mesmo sentido e período foi criado o Tribunal de Tóquio que visava penalizar autoridades japonesas.

Os juízos de exceção internacionais não são instalados apenas com intuito de punir crimes ocorridos em guerras, podendo-se citar o Tribunal Penal de Ruanda (encerrado em 2015), que julgou delitos internos, e o Tribunal Penal da ex-Iugoslávia (encerrado em 2017), que focalizava os crimes cometidos durante sua fragmentação.

Apesar de os exemplos citados serem, em tese, punições às violações contra a humanidade, os tribunais de exceção não costumam mirar objetivos tão nobres. Como verificado na obra em baila, autoridades buscam criar meios de legitimar perseguições e punições a determinados grupos.

Na história do Brasil, o juízo de exceção mais famoso é o Tribunal de Segurança Nacional (TSN). Criado na Era Vargas, o TSN objetivava castigar, severamente, os responsáveis pela Intentona Comunista de 1935. Todavia, diante do sucesso em combater os inimigos políticos das autoridades vigentes, esse juízo passou a ser utilizado para atacar aqueles que desagradavam o governo.

Como exemplo de penalidade, há o caso do escritor Monteiro Lobato, condenado pelo TSN a seis meses de reclusão, por escrever carta para Getúlio Vargas tecendo críticas à política de governo relativa ao petróleo.

A partir dos casos citados, bem como aquele contido na peça, resta claro que o estabelecimento de um tribunal de exceção está sempre apoiado na suposta necessidade de penalizar os infratores de delitos graves, de maneira que apenas um juízo criado naquele momento poderia oferecer as devidas sanções.

Ainda que o tribunal de exceção contenha aparente fundamento de punir crimes de alto poder ofensivo, não se pode esquecer que ele, na sua origem, impede e afronta os principais direitos dos acusados, por não proporcionar julgamento justo, porquanto os supostos infratores são considerados culpados antes da própria instituição do tribunal.

As críticas aos tribunais de exceção são tão intensas, principalmente no âmbito internacional (onde eles se multiplicaram), que foi estabelecido o Tribunal Internacional Penal, visando legitimar julgamentos dos crimes graves contra a humanidade. Contudo, mesmo esse último apresenta limitações, haja vista o impedimento de se deliberar sobre violações ocorridas nos países não signatários do Estatuto de Roma.

Com esta obra Miller, mais uma vez, se alinha àqueles que acreditam que o escritor é um pensador e o palco um fórum para a discussão de ideias, não exatamente de um modo forense, mas como uma parte da experiência dramática. Ao desenvolver suas noções paradoxais relacionadas à falha humana *versus* à ordem social, o dramaturgo tornou-se contestador do momento histórico norte-americano.

Indubitavelmente a Salem do século XVII fora o palco do julgamento de supostas bruxas, um tema da intolerância, que no século XX já parecia ultrapassado. Entretanto, a produção da peça de Miller (1953) coincide com o auge de uma histeria nacional americana em guerra proclamada pelo Senador Joseph McCarthy ao comunismo (1950 a 1957). Esse entrave foi caracterizado pela repressão, espionagem e uma campanha de terror contra a interferência dos esquerdistas. As comparações implícitas na peça foram identificadas pelos estudiosos do texto e confirmadas pela franqueza do teatrólogo, condenado e preso por suas inclinações políticas, considerando que o autor se distinguia por ousada consciência social.

Arthur Miller hoje é visto como um escritor essencialmente moralista, empenhado em confrontar o paradoxo americano, ou seja, a crença da liberdade e do direito de discordar, versus a violência desmedida contra os dissidentes e os heréticos.

Ao rever a história universal, percebe-se que conflitos alavancados por motivos religiosos são corriqueiros. Contudo, um foco minucioso evidencia que essas bandeiras constituem camuflagem para sustentáculo de natureza ideológica: política, étnica, econômica, territorial, de posse, de vingança, entre outros que objetivam a conquista do poder. Também vale mencionar exemplos retirados da Revolução Francesa:

> **Georges Jacques Danton** nasceu em família da pequena burguesia e estudou Direito em Paris. Concluiu licenciatura em 1784, na faculdade de Reims. Graças a seus contatos alcançou o cargo

de advogado do rei. Foi acusado por Saint-Just, membro dos jacobinos, seus inimigos, e julgado pelo Tribunal Revolucionário. Sabia que não tinha chance. Morreu guilhotinado.

Robespierre determinou a execução de suspeitos antirrevolucionários. Levou a cabo importantes mudanças sociais como abolir a escravatura nas colônias, a elaboração da Constituição Francesa de 1793, o estabelecimento do culto ao Ser Supremo, com o objetivo de substituir a religião católica. Ironicamente foi acusado de ditador, julgado, condenado e guilhotinado.

Jean Paul Marat, filósofo e teórico, político extremista, líder do processo revolucionário. Marat incitava por meio de seu jornal *L'ami du peuple* (O amigo do povo) perseguições aos grupos mais moderados, acusando-os de conspiração contrária à revolução, logo de inimigos do povo. O resultado dessa desavença foi seu assassinato a facadas por Charlotte Corday.

Luís XVI (1754-1793) foi o último rei da França antes da Revolução. A sua morte na guilhotina foi um evento chave no processo histórico francês: o primeiro rei executado no país.

A excepcionalidade dos tribunais esteve copiosamente presente na Revolução Francesa. Os julgamentos de Danton e Robespierre e do próprio Rei da França (Luís XVI) detêm características da exceção.

O Tribunal Revolucionário, criado em 17 de agosto de 1792, lidava com suspeitos de supostos crimes contra o novo regime. Isso significa que fora instaurado após os fatos propriamente ditos, característica indubitável da própria excepcionalidade. Outro ponto capital que define essa corte presente no fato histórico é a ausência do duplo grau de jurisdição, elemento imprescindível para um julgamento correto.

Mais um exemplo a ser estudado refere-se ao caso do Islã e suas divisões:

Figura 1 – Pôster

Fonte: https://www.politize.com.br/a-confusao-entre-islamismo-e-terrorismo/

Figura 2 – Perguntas e respostas

Fonte: https://www.politize.com.br/a-confusao-entre-islamismo-e-terrorismo/

Em 2003, uma frente de nações, comandada pelos Estados Unidos e Reino Unido, ocupou o Iraque, após o presidente americano à época, George W. Bush, acusar Saddam Hussein de dispor de armamento de destruição em massa e de estar vinculado à *Al-Qaeda*. O Partido *Baath* de Hussein foi dissolvido e o Iraque migrou para um sistema democrático. Após sua captura ainda em 2003, na Operação *Red Dawn*, o ex-ditador foi levado a julgamento e a nação Iraquiana passou a ser comandada por um governo interino. Em 2006, Hussein foi acusado de estar relacionado ao assassinato de 148 xiitas iraquianos, ocorrido em 1982, e condenado à morte por enforcamento. A execução do ex-líder aconteceu em 30 de dezembro de 2006.

Segundo Renata Cabrera de Morais: "Apesar de o autodenominado Estado Islâmico declarar-se muçulmano, grande parte dos adeptos do islamismo[44] repudia os atos do grupo e afirma que eles não representam o Islã. Desse modo, o problema não é a religião, mas as forças políticas que usam o Islã buscando promoção por meio da violência". Compreende-se assim que o Estado Islâmico do Iraque, que se proclama seguidor de Maomé, é um grupo dissidente: sunita, rebelde, avassaladoramente cruel e agressivo, com raízes na *Al-Qaeda*. Sua proposta é a criação de um califado islâmico. O processo utilizado pela corte justiceira desse grupo elege mais um "tribunal de exceção": preconceituoso, *a priori* baseado na nacionalidade dos condenados e, na consequente punição versada pela política externa de seus países.

A forma de atuação do Estado Islâmico pode ser definida da seguinte maneira:

> O radicalismo se apoia numa causa ideológica e não interessam os meios para se obterem os fins. Ou seja, o discurso se dá no sentido de que o objetivo é construir um novo Estado com disciplina e ordem, socialmente responsável por meio da estrita aplicação dos valores e leis islâmicas. Para isso, não importa o grau de violência a ser utilizado. Como, em sociedades colapsadas, é fácil conseguir adeptos e

---

[44] Disponível em: https://www.politize.com.br/a-confusao-entre-islamismo-e-terrorismo/.

> doutriná-los ideologicamente, o EI se aproveitou do colapso social e político na Síria, em decorrência da guerra civil, e no Iraque, em razão da reconstrução do Estado realizada pelos norte-americanos, para ganhar força e adeptos, o que permitiu a conquista de vasto território nesses países.[45]

A citada condenação de Hussein decorreu por meio de tribunal de exceção criado com o auxílio do governo dos Estados Unidos. Apesar de os trabalhos terem acontecido no Iraque, local onde ocorreram os crimes, os julgadores foram escolhidos dentre os inimigos do ex-ditador e dentre o próprio tribunal criado para conduzir o caso. Assim sendo não resta dúvida da impossibilidade da ampla defesa e do contraditório.

Mesmo após a suposta democratização do Iraque com interferência dos Estados Unidos, os julgamentos injustos realizados por um tribunal, criados pelos que venceram a guerra, continuaram a ser realizados chegando ao ponto de a própria ONU se manifestar, por diversas vezes, pelas irregularidades e injustiça dos julgamentos daqueles que supostamente teriam auxiliado membros do Estado Islâmico.

A propósito, em relação aos crimes cometidos pelo Estado Islâmico no Iraque no ano de 2014, a ONU, em 2019, defendeu e iniciou uma investigação para os julgamentos dos responsáveis pelos ataques. Todavia, o que se esperava era que ocorresse a criação de um juízo específico para a análise de tais crimes, similar ao que fora instituído em Nuremberg. O relevante foi que, mais uma vez, a comunidade internacional, com o objetivo de punir os responsáveis pelos delitos contra a humanidade, valeu-se dos tribunais de exceção. Atualmente, as investigações terminaram e o julgamento dos responsáveis está programado para 2022.

Ainda para ilustrar, um exemplo clássico de tribunal de exceção é o da corte que julgou e condenou o notável Padre Vieira à prisão. Crítico ferrenho da liderança portuguesa em seu *Sermão da Sexagésima*, o religioso torna-se *persona non grata* para os governantes,

---

[45] AGUILAR, 2014, s/p.

ao sugerir que os reis estavam mais interessados no luxo palaciano do que no trabalho exaustivo enfrentado pelos brasileiros: "Os de cá, achar-vos-eis com mais paço; os de lá, com mais passos". Brilhantemente, Vieira faz um jogo de palavras com os vernáculos "paço" e "passos", onde o primeiro significa "palácio" (mordomias) e, o segundo, "caminhada" (produção). Esse último, em linguagem figurativa, refere-se ao ato de trabalhar arduamente. Reiterando o duro labor, Vieira enfatiza a disseminação da ideia pelo missionário: *Ecce exiit qui seminat, seminare* (saiu o pregador evangélico a semear).

Em função dessas críticas, criou-se o desejo de calar o Padre e para isso ele foi acusado de heresia. O processo penal, regulamentado pelo Regimento de 1640, iniciava-se pela prisão preventiva e, assim, Vieira teve sua liberdade cerceada (1665). Ardilosamente, a acusação utilizou métodos procrastinatórios, culminando com lentidão processual e sua consequente permanência na prisão pelo período de dois anos. Após esse tempo, o religioso foi condenado à reclusão e ao silêncio, ficando mais um ano encarcerado. A defesa temia uma possível perda "em primeira instância", mas previa grande possibilidade de anular a condenação diretamente no Vaticano, o que de fato ocorreu. O próprio padre, gênio da retórica e da teologia, contribuiu diretamente para tal resultado.

A excepcionalidade está presente em função de um conjunto de fatores, entre eles: cerceamento da defesa, acusador e julgador concentrados na figura da mesma pessoa e a intenção de condenar mesmo antes da análise dos fatos.

As Bruxas de Salem é relevante para análise dos operadores do Direito. Ela colabora para o entendimento de minúcias e demonstra até onde a justiça pode chegar sem que as garantias processuais sejam afrontadas.

O enredo visa uma audiência democrática. Questiona, outrossim, as ambições e o autoritarismo desmedidos, os conflitos e os desentendimentos ignóbeis, as acusações falsas ou infundadas e aponta para os limites da justiça sem afrontar as garantias processuais. Mais ainda, mostra as avarias de uma acusação tendenciosa infectada pela desaprovação popular. A obra é uma visão crítica, comparativa e realista de dois momentos dramáticos da História americana, que se distanciaram com um lapso temporal de aproximadamente três séculos.

O julgamento dos réus classificados como antiamericanos e o das supostas bruxas ignoravam princípios básicos do Direito, sob o pretexto da emergência e do medo e conferiam, equivocadamente, ao juiz o papel adicional de promotor, negligenciando o fato de que a defesa é indispensável para o equilíbrio do processo.

As bruxas de Salem é um drama perturbador que opta por sentenças extremistas como a pena de morte e a tortura, evidenciando o descaso por princípios tradicionais, sob a justificativa teológica de que o rigor e a ordem supostamente impunham. O medo contamina a opinião pública, resultando em legitimidade fictícia conferida aos julgadores. A peça é um alerta para os riscos de posturas abertamente inquisitórias, ou seja, àquelas que confundem juiz com acusador e tratam a defesa como afronta. Mostra, enfim, onde o esvaziamento do sentido de garantia do processo pode chegar, quando movido pela repulsa popular.

O trabalho de Miller vai além das conotações e alegorias políticas por ele relatadas. Lá estão também explicitadas questões referentes aos sentimentos de culpa e de lealdade, representados pelas atitudes de Giles e Proctor, e que consequentemente os conduziram à morte.

Quanto à ambição desmensurada pode ser atribuída a outros personagens, sobretudo a alguns daqueles que ocupavam cargos de prestígio e de poder.

POST SCRIPTUM: A

Abgail Willians, a "bruxa" protagonista da peça, destaca-se dentre os personagens do elenco milleriano. Ela é extraordinariamente bela, o que a qualifica para o papel de mulher sedutora que levaria John Proctor, o protagonista, à forca. A adolescência (17 anos), somada à capacidade infinita de dissimulação, facilita-lhe o caminho e consequente sucesso na prova de sua "inocência". Defende-se com mentiras. Tituba é a primeira da lista de suas vítimas. Para alcançar seus objetivos, Abgail utiliza-se de histeria de massa, poder sedutor, falso testemunho, lascívia, fraudes e mentiras de forma objetiva e convincente, o que lhe confere, perante os juízes, o benefício da dúvida em relação à crença de sua inocência.

Entretanto, o desfecho da trama desvela-a ladra ao arrombar o cofre e fugir com o dinheiro de Paris.

Abgail é personagem plana: vítima do determinismo. Ela é força do mal, não apresenta problemas de consciência que afligem outros personagens. Entretanto, a jovem é uma das mais vivas e mais alarmantes criações de Arthur Miller.[46]

Figura 3 – Pôster

Fonte: https://republicadomedo.com.br/rdmcast-241-as-bruxas-de-salem/

POST SCRIPTUM: B

As letras das canções a seguir abrangem temas universais focando o pessimismo dos poetas quanto à política e à justiça no que tange ao relacionamento humano; abordam assunto mundial e eterno visando idealismo versus realidade. É aquela mesma velha história do jovem, "a de **mudar o mundo**", que se repete e se desmorona em

---

[46] Brand-new News. 1º semestre de 1998, Ano III, nº 7. Publicação do curso de Letras e Tradutor e Interprete do Unicentro Newton Paiva. Página 06. Escrito em inglês e traduzido por Júnia de Castro Magalhães Alves.

desilusão, frustração e negativismo, e que aos poucos se transforma em conformismo e no aceite da morte com a ânsia de **parar "o mundo que eu quero descer".** É o indivíduo encurralado que perde a crença e abandona a luta. As composições de Cazuza e Silvio de Brito e as palavras da poesia visual de Felipe e Júnia se misturam, embaralham e se confundem em um esforço poético para traduzir a semiose jurídica e dramática no desenrolar e no *denouement* da peça.

INJUSTIÇA

DESESPERANÇA

REVOLTA

FRUSTRAÇÃO

ABALO

IMPOTÊNCIA

NEGATIVISMO

ILEGALIDADE

APATIA[47]

<u>Ideologia</u>

Meu partido

É um coração partido

E as ilusões estão todas perdidas

Os meus sonhos foram todos vendidos

Tão barato que eu nem acredito

Eu nem acredito ah

Que aquele garoto que ia mudar o mundo

Mudar o mundo

Frequenta agora as festas do "Grand Monde"

Meus heróis morreram de overdose

Eh, meus inimigos estão no poder

---

[47] Poesia concreta. Autores: Luis Felipe Mourthé Magalhães e Júnia de Castro Magalhães Alves.

Ideologia
Eu quero uma pra viver
Ideologia
Eu quero uma pra viver
O meu tesão
Agora é risco de vida
Meu sex and drugs não tem nenhum rock 'n' roll
Eu vou pagar a conta do analista
Pra nunca mais ter que saber quem eu sou
Saber quem eu sou
Pois aquele garoto que ia mudar o mundo
Mudar o mundo
Agora assiste a tudo em cima do muro, em cima do muro
Meus heróis morreram de overdose eh
Meus inimigos estão no poder
Ideologia
Eu quero uma pra viver...[48]

49

---
[48] Canção de Cazuza.
[49] Fonte: https://br.toluna.com/opinions/2772742/A-justi%C3%A7a-%C3%A9-cega.-O-que-representa-para-voc%C3%AA-a-figura-de.

Pare o mundo que eu quero descer

Pare o mundo que eu quero descer
Que eu não aguento mais escovar os dentes
Com a boca cheia de fumaça...
Você acha graça porque se esquece
Que nasceu numa época
De conflitos entre raças...
Pare o mundo que eu quero descer
Que eu não aguento mais tirar fotografia
Pra arrumar meus documentos...
É carteira disso, daquilo
Que até já amarelou minha certidão de nascimento.
E ainda por cima
Ter que pagar pra nascer,
Ter que pagar pra viver,
Ter que pagar pra morrer.
Ter que pagar pra nascer,
Ter que pagar pra viver,
Ter que pagar pra morrer.
Pare o mundo que eu quero descer
Que eu não aguento mais
Esperar o Corinthians ganhar o campeonato...
E ver no rosto das pessoas a mesma expressão
De ascensorista de elevador mal remunerado...
Pare o mundo que eu quero descer
Que eu não aguento ouvir mais
Falar em crise do petróleo...
Que vai aumentar
E pensar que a poluição

Contaminou até as lágrimas

E eu não consigo mais chorar.

E ainda por cima

Ter que pagar pra nascer

Ter que pagar pra viver

Ter que pagar pra morrer.

Ter que pagar pra nascer

Ter que pagar pra viver

Ter que pagar pra morrer.

Tá tudo errado, tá tudo errado

Desorientado segue o mundo

Enquanto eu morro estando aqui parado

Tá tudo errado, tá tudo errado

Só quero ter você do lado

Pra mandar o resto pros diabos.

Tá tudo errado, tá tudo errado

Tá tudo errado.[50]

CARACTERIZAÇÃO DOS PERSONAGENS

PERSONAGENS	CARACTERIZAÇÃO
Beata Hannah	Vinte e sete anos, cuidado com o próximo, centrada, às vezes autoritária, demasiadamente sábia, amante de livros, voz confiante e serena, veste tons escuros, músicas religiosas, classe média alta, caçadora de demônios, escolaridade alta, sem família, dedicada à igreja, cooperativa, obediente à religião e às autoridades, bom relacionamento sem intimidade com os demais.
Reverendo Parris	Pastor exaltado, cerca de 40 anos, passos firmes, voz alta, autoridade formal, protestante. Ensino superior completo, formado em Harvard. Tio de Abigail, pai de Betty Parris, com quem é carinhoso. Individualista, submisso em relação aos superiores e autoritário quanto aos subordinados.

---

[50] Canção de Silvio de Brito.

PERSONAGENS	CARACTERIZAÇÃO
Betty Parris	Doze anos, arzinho maternal falso enganador, pijama comportado, voz carregada de agonia (choro). Diversão: igreja, músicas de macumba e bruxaria. Classe social alta, ensino fundamental incompleto. Individualista, solidária ao extremo com amigos, desobediente quanto à religião (cética/ dissimulada).
Abigail Williams	Dezessete anos, caprichosa, arrogante e manipuladora: capaz de enfrentar tudo ao seu alcance para conseguir o que quer. Tendência a fazer o mal para benefício próprio. É carinhosa somente com o Reverendo Proctor por quem era apaixonada.
Reverendo John Hale	A princípio apoiou os julgamentos das supostas bruxas, mais tarde tornou-se crítico deles.
Juiz Hathorne Danforth Delegado do Governador	Cinquenta e três anos, autoritário, cargo importante, segue ordens à risca, caminha ereto, voz grave, rígida, agressiva. Boas condições de vida e para julgar o certo e o errado. Linguagem correta. Vestimenta: roupa social ou capa preta de juiz. Gosta de música clássica, jogos (pôquer). Mora em vila próxima à Salem. Classe alta, doutorado, esposa e filhos. Individualista, obediente à justiça, rígido, objetivo e, às vezes, agressivo na busca do culpado.
Susana Walcott	Dissimulada, neutra, pratica o mal, não revela o que sabe, expressão tediosa e indiferente, 19 anos, fala manso, quando exaltada/nervosa grita. Empregada diligente, cooperativa, rebelde e desprezada.
Mercy Lewis	Serva dos Putnams na Vila de Salem. A princípio amigável, amável, torna-se bruxa sádica.
Rute Putnam	Dezessete anos, delicada, voz alta e doce, sensível, submissa a seus pais (Thomas e Ana). Adormeceu profundamente após atos de bruxaria. Diversão: igreja/dançar na floresta. Classe média, sem profissão, rebelde para com a autoridade, leal à família, temida pela população pelo seu poder acusatório e pacto com o demônio.

PERSONAGENS	CARACTERIZAÇÃO
Mary Warren	Empregada de Proctor. Tímida, desconfiada, manipulada por Abigail para ocultar a verdade e pelas outras colegas para se juntarem na floresta. Tem 18 anos, é medrosa, arrepende dos erros, colabora com os juízes, vacila entre o bem e o mal. Submissa aos pais e empregadores. Mansa, medíocre, gosta de música religiosa e clássica. Frequenta a praça e as igrejas. Mora no emprego, classe média, mais ou menos rebelde, obediente.
Elizabeth Proctor	Doce, bom coração, calma, honesta, desventurada, 30 anos. Casa-se com Proctor, que a trai com Abgail. No desfecho há reconciliação.
Francis Nurse	Trinta anos, filha de Rebeka Nurse (parteira). Voz suave e delicada, mas alta e mesmo histérica quando nervosa. Divertimento: igreja, praça, músicas religiosas. Classe e nível médios, trabalhadora, 10 irmãos, cooperativa, obediente, educada, simpática, agressiva com injustiça aos amigos. Objetivo principal: livrar sua mãe da forca. Rebeka foi acusada de bruxa pelo falecimento dos filhos de Ana Putman durante o parto.
Ezequiel Cheever	Vinte e seis anos, astuto, postura de autoridade policial: delegado, voz firme, roupa social. Música caipira. Frequenta delegacia e tribunal. Classe média. Interessado no que faz. Solteiro, solitário, cooperativo, obediente, faz e fala o que acredita. Conflito: prender Elizabeth Proctor, pois ele a considerava inocente.
Giles Corey	Nacionalizado americano, nascido inglês, sentia-se culpado: sua mulher lia livros estranhos!
Martha Corey	Setenta e dois anos, extrovertida, dedicada à igreja, piedosa, não acreditava em bruxas, não apoiava os julgamentos, acusava os acusadores de mentirosos, foi considerada feiticeira, personagem oculta na peça (só se ouve a voz).

PERSONAGENS	CARACTERIZAÇÃO
Tituba	Vinte anos, ingênua, bondosa, não avalia a dimensão dos seus atos de bruxaria, não visa o mal, sensível, frágil, ingênua, voz aguda, infantil (quando interpreta o diabo a voz é grave). Procura não acusar, vestido longo branco, turbante, sandálias e colar. Canções africanas e religiosas. Vive em casa, sai para compras a mando dos patrões, arrisca atalho da floresta. Diversão: conversar. Classe baixa. Religião vodum. Obrigada a converter-se ao protestantismo. Escrava dedicada. Sem escolaridade. Veio em navio negreiro. Mãe livre na África. Cooperativa, obediente e submissa, culpa outras pessoas quando sofre violência.
Sara Good	Cinquenta e nove anos. Mora só. Mal-humorada, muito pobre, pedinte, passos lentos, voz assustada rebeldia com constrangimento, vestes sujas e rasgadas, não escuta músicas (exceto quando está na casa dos outros). Já teve melhores condições (cursou o ensino fundamental). Sem parentes, rancorosa, incomodada com as acusações.
John Proctor	Trinta anos, agricultor. Voz grossa marcante e de tom elevado. Calça, camisa e sapato sociais, chapéu preto. Festeja e bebe com amigos. Infiel à esposa grávida. Classe média. Impaciente, estressado, individualista. Rebelde, religioso, inflexível, carrancudo, cético, pragmático, idealista, sensível, bem intencionado. Tenta provar a existência de uma farsa que visa a vingança de Abigail Williams contra ele e sua família.
Rebeca Nurse	Setenta anos, cuidadosa, carinhosa, 26 netos, 11 filhos, honesta, serena, bom coração, anda devagar, óculos de grau, ombros caídos, fé, músicas religiosas, parteira aposentada, caridosa, faz crochê, frequenta igreja, classe média, ensino básico, ajuda ao próximo, conselheira, cumpridora de regras.
Ana Putnam	Quarenta e cinco anos, perdeu 7 filhas e só restou Rute Putnam. Ana é indignada, triste, pensativa. Luto eterno: veste-se de preto. Diversão: cultos, dona de casa. Classe média, escolaridade baixa, lê e escreve bem. Cooperativa, obediente, revoltada com o destino, boa relação matrimonial.

REFERÊNCIAS LITERÁRIAS

MILLER, Arthur. *As Bruxas de Salem*, 1953. Tradução: Valéria Chamon.

MILLER, Arthur. *The Crucibel*, 1953. 30th printing, 1968.

REFERÊNCIAS HISTÓRICAS

Bruxas de Salem: maior erro jurídico da história? E o fanatismo religioso? Só? Disponível em: https://www.youtube.com/watch?v=m-qFN8N5b4o.

Uma breve história das bruxas de Salem:

Disponível em: https://blog.doppelstore.com.br/2018/12/06/uma-breve-historia-das-bruxas-de-salem/.

Jean-Paul Marat – Origem: Wikipédia, a enciclopédia livre. Disponível em: https://pt.wikipedia.org/wiki/Jean-Paul_Marat#:~:text=Marat%20estava%20em%20sua%20banheira,ser%20admitida%20em%20suas%20depend%C3%AAncias.&text=Ela%20foi%20guilhotinada%20em%2017%20de%20Julho%20de%201793%20por%20homic%C3%ADdio.

Girondinos – Origem: Wikipédia, a enciclopédia livre.

Disponível em: https://pt.wikipedia.org/wiki/Girondino.

George Jacques Danton – Origem: Wikipédia, a enciclopédia livre. Disponível em: https://pt.wikipedia.org/wiki/Georges_Jacques_Danton.

ONU critica julgamentos no Iraque.

Disponível em: https://oglobo.globo.com/mundo/onu-critica-julgamentos-de-supostos-integrantes-do-estado-islamico-no-iraque-24215813. Disponível em: https://www.istoedinheiro.com.br/onu-pede-ao-iraque-que-suspenda-execucoes-apos-21-condenados/.

ONU julgamento Estado Islâmico – Disponível em: https://g1.globo.com/mundo/noticia/2019/07/29/onu-defende-tribunal-de-nuremberg-para-estado-islamico.ghtml e https://news.un.org/pt/story/2021/05/1750262.

Sérgio Luiz Cruz. O Estado Islâmico e o Terrorismo Internacional. 2015. Disponível: https://repositorio.unesp.br/bitstream/handle/11449/115185/ISSN2176011X-2014-58-01-50-50.pdf?sequence=1.

Toda Matéria. Robespierre – Juliana Bezerra, professora de História Disponível em: https://www.todamateria.com.br/robespierre/#:~:text=Maximilien%20Robespierre%2C%20nascido%20em%206,Francesa%2C%20o%20Per%C3%ADodo%20do%20Terror.

REFERÊNCIAS JURÍDICAS

CAMPOS, Reynaldo Pompeu de. *Repressão judicial no Estado Novo.* Editora Achiamé, 1982. p. 99-107.

PINTO, Júlia Kertesz Renault. O Tribunal de Segurança Nacional e a sua atuação no Brasil dos anos 1930 e 1940. *Revista da Faculdade de Direito da UFRGS*, Porto Alegre, n. 41, p. 120-144, dez. 2019.

O DIREITO E O AVESSO: TRIBUNAL DE EXCEÇÃO OU JUÍZO NATURAL EM *OS GIGANTES DA MONTANHA*, DE LUIGI PIRANDELLO, PELO GRUPO GALPÃO[51]

Lucas Silvani Veiga Reis
Luis Felipe Mourthé Magalhães
Junia de Castro Magalhães Alves

UM POUCO SOBRE A PEÇA

A peça de teatro, *Os Gigantes da Montanha*, foi escrita pelo dramaturgo italiano Luigi Pirandello e é uma alegoria que versa sobre o valor do teatro, da poesia e da arte em geral. Apesar de redigida em 1936, ela se insere nos tempos atuais pelo pragmatismo e tendências materialistas.

---

[51] Os verbetes Direito/direito carregam vários significados de acordo com o contexto e/ou grafia:
A) "Direito" (com letra maiúscula) refere-se à ciência das normas obrigatórias que disciplinam as relações dos homens em sociedade.
Exemplo: O aluno estuda **Direito**.
B) Já, "direito" (com letra minúscula) possuí conotações distintas:
b.1) Lado principal de um objeto em oposição ao avesso.
Exemplo: O casaco foi posto do lado avesso e não do lado **direito**.
b.2) Justo, certo, correto, honesto.
Exemplo: Ele foi **direito** com ela, não a enganou.
b.3) Aquilo que é facultado a um indivíduo ou a algum grupo, por força de lei ou dos costumes.
Exemplo: O réu tem **direito** ao contraditório e à ampla defesa.
b.4) O mundo real, visível, palpável em oposição ao seu avesso: o mundo surreal.
Exemplo: O **direito** e o avesso em *Os gigantes da montanha*.
Observação: Os vocábulos Direito/direito serão utilizados com os sentidos contidos em "A" "b.1", "b.2", "b.3" e "b.4", de acordo com o contexto.
C) O vocábulo "avesso" existe com as seguintes conotações:
c.1) Lado oposto ao principal.
Exemplo: A sua camisa está virada ao **avesso**.
c.2) O surreal: a transgressão da verdade sensível que pertence ao domínio do sonho, da imaginação, do absurdo, aquilo que se encontra para além do real.
Exemplo: O direito e o **avesso** em *Os gigantes da montanha*.

A estória relata a chegada de uma trupe teatral decadente a uma vila mágica, cheia de encantos, habitada por fantasmas e liderada pelo Mago Cotrone. Embora os atores se encontrem em decadência, a protagonista, condessa Ilse, insiste em montar *A Fábula do filho trocado* (texto escrito por um poeta apaixonado por ela, que se suicidou por não ser correspondido). O Mago Cotrone então, num passe de mágica, traz à cena fantasmas para representar os personagens da peça. Ele convida os atores recém-chegados a permanecer *ad aeternum* na Vila, encenando para si mesmos. Ilse, no entanto, insiste que a obra deve viver entre os homens, e compartilhada com o público.

De acordo com o autor, a arte, incluindo o teatro, não precisa ser compreendida. O fundamental é que ela seja sentida. Para Pirandello, as aparições fantasmagóricas na vila configuram a imaginação e o sonho e não se confundem como meras alucinações. Elas são, na realidade, reflexão em busca do incompreensível, do inatingível, da ampliação do estado mental mirando o indomável, o inalcançável, o irrepresentável. Segundo Cotrone: "A vila é assim mesmo. Todas as noites fica em estado de música e sonho".[52] A imaginação da vida ao surreal inconcebível. Cotrone provoca, nos atores, meditação sobre o significado do desconhecimento a partir do embate com o inacreditável. "[...] basta imaginar e imediatamente as imagens tomam vida por sim mesmas".[53]

A peça não tem um significado óbvio. Deve ser reconstruída pela mente do espectador/leitor. O tema central é o da morte e ressurgimento da arte tal como Fênix, pássaro da mitologia grega que, ao morrer entrava em combustão e, passado algum tempo, ressurgia das próprias cinzas.

---

[52] Roteiro da peça adaptada pelo Grupo Galpão. Os gigantes da montanha. Texto: Luigi Pirandello. Direção: Gabriel Vilella. p. 36.

[53] Roteiro da peça adaptada pelo Grupo Galpão. Os gigantes da montanha. Texto: Luigi Pirandello. Direção: Gabriel Vilella. p. 40.

INTRODUÇÃO

Para Nogueira e Silva[54], organizadores do livro Direito e Literatura:

> O Direito, enquanto ciência normativa organiza e reafirma o rotineiro e o quotidiano. Preserva o existente... Através de seu universo de normas, o Direito naturaliza e domestica o existente, gerando uma segurança, que ainda que frágil e, por vezes, falsa, é necessária ao viver.

Já a Literatura é uma forma de arte que escreve, descreve, conta ou representa a existência, utilizando-se de gêneros e de métodos diversos. O drama é um gênero literário que, segundo Aristóteles[55], "imita a ação humana".

A partir dessas ponderações cresce a ideia e o interesse de se estudar Direito em diálogo com Literatura.

A dialética aqui engendrada entre Direito e Literatura exemplifica o debate até então insolúvel entre "verdade" e "beleza". Como substrato para a argumentação foi escolhida a peça *Os gigantes da montanha* de Luigi Pirandello, montada e representada pelo Grupo Galpão, companhia mineira de teatro fundada em 1982. A fama bateu à porta do Grupo em 1992 com a encenação de *Romeu e Julieta*, de William Shakespeare, em montagem de teatro de rua, onde a peça do bardo inglês é apresentada com o tempero dos ingredientes típicos da cultura do estado de Minas Gerais. Após trabalhar com textos de autores como William Shakespeare, Nelson Rodrigues, Bertolt Brecht, Anton Tchekhov e Nikolai Gogol, entre outros, chegou a vez de Pirandello (1867-1936): dramaturgo, poeta e romancista italiano, ganhador do prêmio Nobel de Literatura de 1934. A versão galpaneana de *Os gigantes da montanha* retoma a parceria da trupe com Gabriel Villela, diretor de *Romeu e Julieta* e *A rua da amargura*.

A fábula da peça aqui analisada, escrita em 1936, focaliza um grupo de teatro em declínio que, perambulando sem destino em busca de audiência, chega a uma vila mal-assombrada, habitada por

---

[54] NOGUEIRA; SILVA, 2013, p. 5.
[55] ARISTÓTELES, 1996, p. 60.

fantasmas, cuja liderança política é exercida pelo Mago Cotrone. A obra, uma alegoria[56] em forma de metateatro[57], questiona o valor do teatro em particular e da arte em geral e cede espaço para outros questionamentos: quanto ao equilíbrio entre crime / castigo / pena / penitência / absolvição, quanto à escolha do caminho para emprego da justiça ao invés da injustiça, quanto a uma atuação ditatorial ou democrática. O clímax / desfecho da história dá-se no julgamento / condenação / execução da Condessa Ilse, incompreendida pelos gigantes da montanha, responsáveis pelo seu esquartejamento. O texto, que foge às classificações tradicionais (comédia / tragédia), focaliza o significado da arte e, mais especificamente, da poesia e do teatro vigentes no mundo pragmático e materialista da primeira metade do século XX. Foi montado pelo Grupo Galpão como um musical popular para rua e palco. Sua riqueza em abordagens traz características da comédia, do grotesco, do gótico, do burlesco e da tragédia: tudo isso ilustrado pelas canções cuidadosamente escolhidas, tendo a morte como tema de forma real ou metafórica.

O gótico foi incluso de maneira óbvia com a presença dos fantasmas, mas também de forma sutil nas músicas que, embora em sua maioria românticas e sem características necessariamente góticas, quase todas trazem consigo o tema da morte.

Canções italianas:

- *Ciau Amore, Cião* de Luigi Tenco, música do folclore italiano que evidencia o desgaste de um relacionamento amoroso.

- *Il Mondo* de Jimmy Fontana retoma a ideia de que o amor falece com o tempo: "imortal enquanto dura" segundo Vinicius de Morais.

---

[56] Alegoria é uma forma de metáfora em que se estabelece uma correspondência de um para um significado, difere do símbolo que estabelece correspondência múltipla. Exemplo de alegoria: espelho = consciência. Exemplo de símbolo: espelho = consciência ou retrato ou verdade ou pensamento etc. No contexto da peça a Condessa Ilse é alegoria da arte teatral. A morte de Ilse é a morte do teatro. Os Gigantes são seres incapazes de compreender, de sentir a arte: são nesse caso seus assassinos.

[57] O termo metateatro refere-se a um teatro ou a uma cena representados dentro da peça teatral.

- *Visse d'arte*, canção da ópera *Tosca* de Puccini interpretada *a la* Festival de Woodstock encarnando o espírito hippie de Janis Joplin.

- Canzone Arrabiata, hino dos azarados que narra o assassinato do pistoleiro contratado para executar Mussolini. Letra e música de Nino Rota, do filme "Fantasmi a Roma" de Antonio Pietrangeli.

- *Bella Ciau*, hino italiano de origem popular contra o autoritarismo e opressão nazista e fascista: grito de revolta.

Outras canções:

- Ó alma que estás no mundo, hino religioso brasileiro.

- *Je crois entendre encore*, canção francesa de Georges Bizet que versa sobre êxtase, entrega, loucura, encanto e sonho.

A partir da execução da Condessa Ilse pelos Gigantes e por intermédio de um processo interdisciplinar, este trabalho discorre, até o desfecho, acerca do assassinato presente na peça teatral. O intuito será identificar se o aludido julgamento (que não aconteceu de maneira formal, mas é admitido por existir pena executada de fato) caracteriza-se como tribunal de exceção ou se lhe é contemplado o princípio do juiz natural. Isso levando em consideração que a própria História da humanidade possui, a exemplo do texto de Pirandello, características essencialmente surrealistas.[58] Essa afirmativa baseia-se na argumentação de que a História narra versões diferentes contadas por diferentes indivíduos que presenciaram os mesmos acontecimentos e os enxergaram diferentemente. Pessoas são influenciadas ou mesmo determinadas por valores, experiência ou conhecimento prévio que moldam pontos de vista singulares do fato. Assim, paulatinamente e com o passar dos anos, as versões distanciam-se do real e margeiam o mundo surreal ou mesmo nele se instalam. Nessa esteira é necessário salientar que o "lado direito",

---

[58] André Breton define Surrealismo como "Automatismo psíquico puro mediante ao qual se pretende expressar verbalmente, por escrito ou de qualquer outro modo o funcionamento real do pensamento. Ditado mental sem controle da razão e de qualquer consideração estética ou ética".

na concepção deste trabalho, refere-se à visão da "realidade", do que se tem como concreto, e que o "lado avesso" apresenta-se como o impalpável, visão "surreal", que é, segundo André Bretron, mais real do que o visível.

Assim sendo, no entendimento deste estudo, é possível categorizar a peça como pertencente ao gênero que chamaremos de tragicomédia gótica musical ou de musical gótico neotrágico.

Por ironia do acaso, Pirandello não finalizou a peça em virtude de seu falecimento, em 1936, acometido por uma forte pneumonia. No entanto, antes de morrer, o dramaturgo relata ao filho Stefano suas intenções para o desfecho da história. É justamente a incompletude do trabalho que lhe imputa a particularidade de obra aberta para diversificar-se em um grande leque de leituras e interpretações, inclusive no âmbito da indagação jurídica.

Como nas outras direções de Gabriel Villela, a peça inclui belíssimos cenários. A música, com arranjos geniais de Ernani Maletta, é executada e cantada ao vivo pelos virtuosos atores do Grupo. A melodia e a letra, assim como o desenho de palco e o vestuário, conectam-se ao mundo mágico da fantasia para a difusão do surrealismo. Também, na mesma linha, a abordagem literária, o plástico e o visual exploram os campos da energia psíquica, da associação livre, do automatismo, do acaso e da arbitrariedade. Para estimular a emergência do subconsciente, o Grupo recorre ainda a técnicas de efeitos inusitados e de processos em que as tradições populares convivem com o repertório artístico cultivado de Pirandello e em que regalias e deveres, o bem e o mal, o real o irreal e o surreal, juízos de fato e de valor, o direito e o avesso, estimulam a plateia que explode em aplausos: expressão e reconhecimento mais da beleza do espetáculo e da *performance* do Grupo do que propriamente do enigma de seu significado.

DESENVOLVIMENTO

A princípio, é necessário explicar o que são os tribunais de exceção e os juízos naturais.

O tribunal de exceção possui algumas características: é instituído excepcionalmente e de maneira temporária, sendo mais comum em nações onde prevalece a ditadura, logo contrário ao Estado Democrático de Direito. Outra característica desse órgão judiciário é não ser legitimado pela Carta Magna do Brasil, logo vedada sua instituição[59]. O problema de um tribunal dessa natureza é ser parcial no julgamento e, exatamente por isso, surgir para julgar um caso específico, quando há interesse em direcionar o resultado da decisão. Além do mais, é criado após a ocorrência do fato, dessa forma a segurança jurídica fica prejudicada por causa da perda de algumas garantias processuais, tais como a condução do julgamento por um juiz natural[60], o duplo grau de jurisdição, ao devido processo legal[61] o direito ao contraditório e à ampla defesa, a legalidade[62], a igualdade e a dignidade da pessoa humana[63].

O Prof. Luís Roberto Barroso nos ensina:

> O postulado do juiz natural, por encerrar uma expressiva garantia da ordem constitucional, limita, de modo subordinante, os poderes do Estado — que fica impossibilitado de instituir juízos *ad hoc* ou de criar tribunais de exceção —, ao mesmo tempo em que assegura ao acusado o direito ao processo perante autoridade competente abstratamente designada na forma da lei anterior, vedados em consequência, os juízos ex post facto.

Para ilustrar o que é um juízo de exceção temos como exemplo clássico da História do mundo o "Tribunal de Nuremberg" (1945-1946). Trata-se de uma comissão de militares constituída para julgar os líderes nazistas pelos crimes cometidos no decorrer da 2ª guerra mundial. O procurador-geral norte-americano Robert H. Jackson coordenou representantes dos Estados Unidos, União Soviética, França e Grã-Bretanha para arquitetar as leis e o grupo de trabalho

---

[59] Art. 5º, inciso XXXVII.

[60] Art. 5º, inciso XXXVII.

[61] Art. 5º, inciso LIV.

[62] Art. 5º, inciso LV.

[63] Art. 1º, inciso III.

que norteariam o julgamento. O tribunal analisou os casos dos réus, argumentando que a Alemanha nazista exercera uma conspiração global de dominação.

Os países inclusos no juízo em Nuremberg, no intuito de descaracterizar a exceção, fazem o trabalho na própria Alemanha. Assim, teoricamente, seria possível sustentar sua legitimidade em razão do local da instauração. Entretanto, tal argumento é inválido já que os jurados não foram definidos em um processo natural advindo da legislação alemã. No texto de Pirandello, isso acontece de forma similar, pois os gigantes (julgadores/executores) também não foram escolhidos pela sociedade do local do suposto crime (a vila dos fantasmas), excluindo a licitude do conselho julgador.

Outro caso clássico e mais recente (prova cabal de que os tribunais de exceção não integraram apenas o passado distante) foi o julgamento do ex-ditador Iraquiano Saddam Hussein. Na verdade, Hussein fora responsável por milhares de mortes de cidadãos pertencentes a minorias religiosas e étnicas de seu país. Todavia, o presidente dos Estados Unidos (na época George W. Bush) determinou a invasão do Iraque, sob a justificativa de que Hussein estaria diretamente vinculado a Osama Bin Laden, desenvolvendo armas de destruição em massa. Tais alegações, entretanto, não foram confirmadas e tem-se como hipótese o interesse dos Estados Unidos no petróleo iraquiano. O ex-líder foi enforcado em 30 de dezembro de 2006, após condenação política, supostamente fruto de uma ilegalidade (ocupar território) para atender interesses estrangeiros anti-iraquianos/norte-americanos.

Para excluir as características de tribunal de exceção, o governo dos EUA maquiou o fato de maneira menos explícita do que o fizera o conselho formado em Nuremberg. O tribunal Iraquiano, além de instituído no foro do suposto crime, ainda se constituiu de membros nativos; dessa forma, hipoteticamente, não seria possível alegar a exceção. Contudo, tal argumento não possui veracidade que o sustente, tendo em vista que, apesar de o tribunal ter sido formado por pessoas da sociedade do Iraque, os julgadores foram escolhidos pelos americanos dentre os inimigos internos de Hussein.

Cabe ressaltar que, além disso, a corte foi criada após os crimes imputados, uma das principais características da exceção. Dessa maneira, o julgamento seria e foi conduzido levando em consideração interesses norte-americanos. Na peça, a situação se desenha de forma similar. Os gigantes assumindo inconscientemente o papel de julgadores e conscientemente o de executores, deslocam-se das montanhas para a vila, território do suposto crime, e conduzem o assassinato em uma sociedade que não possui relação com a deles, a exemplo dos americanos.

Insta salientar que nos três casos acima (Julgamentos de Nuremberg, Saddam Hussein e Condessa Ilse), o princípio do Juiz Natural foi conscientemente "esquecido". Tal princípio é, contudo, notadamente utilizado com frequência pelo Poder Judiciário Brasileiro. Assim, para exemplificar essa utilização, é imprescindível elencar algumas jurisprudências, como as abaixo, integrantes do catálogo do Superior Tribunal de Justiça:

> PROCESSO PENAL. RECURSO EM HABEAS CORPUS. CRIMES CONTRA O SISTEMA FINANCEIRO NACIONAL E DE LAVAGEM OU OCULTAÇÃO DE BENS, DIREITOS E VALORES. GARANTIA DO JUIZ NATURAL. VIOLAÇÃO. INEXISTÊNCIA. COMPETÊNCIA DA VARA ESPECIALIZADA NOS TERMOS DA RESOLUÇÃO N. 42/2011 DO TRF DA 2ª REGIÃO. ABRANGÊNCIA. TODA A ÁREA TERRITORIAL COMPREENDIDA NA SEÇÃO JUDICIÁRIA DO RIO DE JANEIRO. RECURSO NÃO PROVIDO. 1. A definição da garantia do juiz natural reúne (i) a vedação a "juízo ou tribunal de exceção" (art. 5º, XXXVII), bem como (ii) o direito de ser processado e julgado por juiz (pre)determinado por lei, uma vez que "ninguém será processado nem sentenciado senão pela autoridade competente" (art. 5º, LIII). Além disso, essa garantia deve ser encarada como meio para a efetivação de outra garantia: a do juiz independente e imparcial. 2. É comum, ao tratar da garantia do juiz natural, associá-la à garantia do juiz independente e imparcial. Embora elas não se con-

fundam, sua associação é importante, na medida em que a garantia do juiz natural tem como objetivo dar concretude à garantia do juiz independente e imparcial. Em outras palavras, a interpretação teleológica daquela tem em vista a efetivação desta. 3. Hipótese em que se busca seja declarada a incompetência da 3ª Vara Federal Criminal da Seção Judiciária do Rio de Janeiro e, em consequência, a competência da Vara Única da Subseção Judiciária de Nova Friburgo, para o processamento e julgamento da ação penal em desfavor do recorrente. 4. O art. 96, I, a, da Constituição Federal confere aos Tribunais competência privativa de auto-organização, prerrogativa própria de iniciativa para dispor sobre funcionamento dos órgãos jurisdicionais e administrativos. 5. No âmbito infraconstitucional, o art. 74 do Código de Processo Penal dispõe que "A competência pela natureza da infração será regulada pelas leis de organização judiciária, salvo a competência privativa do Tribunal do Júri". 6. A criação de vara especializada em crimes contra o Sistema Financeiro Nacional, por resolução do Tribunal Regional Federal da Segunda Região, não viola o princípio do juiz natural, considerando ser da alçada dos Tribunais dispor sobre a competência e o funcionamento dos seus órgãos jurisdicionais e administrativos, na forma do art. 96, I, "a", da Constituição da República. 7. No caso em exame, a competência das Varas Especializadas em crimes contra o sistema financeiro nacional e de lavagem ou ocultação de bens, direitos e valores, em razão da matéria e da natureza da infração, abrange toda a área territorial compreendida na Seção Judiciária do Rio de Janeiro, não se limitando à sede da Seção Judiciária do Rio de Janeiro, consoante consignado no acórdão recorrido. 8. Recurso não provido. (RHC 46.881/RJ, Rel. Ministro RIBEIRO DANTAS, QUINTA TURMA, julgado em 04/09/2018, DJe 14/09/2018) (HC 73801, Relator(a): CELSO DE MELLO, Primeira Turma, julgado em 25/06/1996, DJ 27-06-1997 PP-30226 EMENT VOL01875-03 PP-00574).

No exemplo citado acima, podemos verificar que se discute o tribunal que seria responsável levando em conta todas as regras de competência previamente estabelecidas, entre elas a territorial e aquela em relação à matéria. Em *Os gigantes da montanha*, o foro também é respeitado já que o juízo se dá no local do crime, residência da ré, legitimando, aparentemente, a condenação de Ilse. Entretanto, é importante ressaltar que o local, por si só, não atribuí legalidade ao julgamento, sendo essencial que se constitua o órgão julgador por juízes imparciais e previamente definidos. No caso de Hussein isso fica claro. No entanto, nas situações cotidianas do Poder Judiciário Brasileiro, a questão da territorialidade torna-se um dos motivos mais comuns para discussão do princípio do Juiz Natural. Veja abaixo outro exemplo similar:

> PROCESSO PENAL. RECURSO EM HABEAS CORPUS. ASSOCIAÇÃO CRIMINOSA, FORMAÇÃO DE QUADRILHA, CORRUPÇÃO PASSIVA, ADVOCACIA ADMINISTRATIVA E CONCUSSÃO. COMPETÊNCIA. AUTORIZAÇÃO DE INTERCEPTAÇÕES TELEFÔNICAS. PREVENÇÃO. RECURSO NÃO PROVIDO. 1. "A fundamentação *per relacionem* constitui medida de economia processual e não malfere os princípios do juiz natural e da fundamentação das decisões." (REsp 1.443.593/RS, Rel. Ministro NEFI CORDEIRO, SEXTA TURMA, julgado em 02/06/2015, DJe 12/06/2015). 2. Como regra, a fixação da competência de foro ou territorial segue a teoria do resultado, sendo determinante o lugar da consumação da infração, ou do último ato da execução, nas hipóteses de tentativa (art. 70 do CPP), tendo como critério subsidiário o domicílio do réu (CPP, art. 72). 3. A denominada competência por prevenção, que pressupõe distribuição (CPP, art. 75, parágrafo único), no geral, é utilizada como critério subsidiário de fixação da competência territorial, baseado na cronologia do exercício de atividade jurisdicional, mesmo que antes de oferecida denúncia ou queixa, necessariamente entre dois ou mais juízes igualmente competentes ou com competência

> cumulativa, consoante aponta o art. 83 do CPP. 4. No caso, a atuação da associação em diversas localidades e a primeva atuação do Juízo da 1ª Vara Criminal da SJ/RJ na autorização da interceptação telefônica, torna-o prevento e assim, hígida a competência para processar e julgar o feito. 5. As razões recursais deduzidas no presente recurso visando a desconstituição da competência do Juízo da 1ª Vara Criminal da SJ/RJ demanda análise do conjunto fático-probatório, procedimento vedado na via estreita do habeas corpus. 6. Recurso não provido. (RHC 83.938/RJ, Rel. Ministro RIBEIRO DANTAS, QUINTA TURMA, julgado em 14/11/2017, DJe 22/11/2017).

Enfatiza-se acima que é vedada a atribuição de competência em momento posterior ao fato a ser julgado. Ora, é exatamente isso que ocorre na peça. A Condessa Ilse, ré no caso em questão, é executada pelos gigantes. Não há um tribunal constituído antes do suposto delito cometido pela personagem, não há sequer uma lei determinada previamente pela sociedade que impute à Ilse infração de uma regra. E assim reza a Constituição Federal de 1988, em seu inciso XXXIX, do artigo 5º: "Não há crime sem lei anterior que o defina, nem pena sem prévia cominação legal". Vale destacar que o suposto crime cometido pela Condessa atriz foi não querer privar a humanidade da arte cênica, isto é, da representação. Para a personagem não bastava a peça ser montada na vila fantasma: ela deveria ser conhecida pelos homens. Ilse acreditava que a obra ganharia vida quando levada ao conhecimento humano.

Nesse contexto, urge definir os conceitos de jurisdição e competência.

Por jurisdição, entende-se:

> Dá-se o nome de jurisdição ao poder que detém o Estado para aplicar o Direito ao caso concreto, com o objetivo de solucionar os conflitos e, com isso, resguardar a ordem jurídica e a autoridade da lei. No sentido coloquial, a palavra Jurisdição significa o território (estado, município, região,

país) sobre o qual este poder é exercido por determinada autoridade ou Juízo. A jurisdição compete geralmente apenas aos órgãos do Poder Judiciário, porém já é aceita a noção de que outros órgãos também exerçam a função, desde que exista autorização constitucional.[64]

Quanto à competência, Moacir Amaral Santos conclui:

> E, por competência, entendemos o instituto que define o âmbito de exercício da atividade jurisdicional de cada órgão desta função encarregado.
>
> Nesse entender, quando se atribui através de normas de competência, que a determinado órgão do Judiciário cabe exercer a jurisdição, este o faz integralmente, plenamente, enquanto órgão jurisdicional e não como agente. A norma de competência é atribuída ao órgão e não à pessoa do juiz. Em realidade, todos os agentes têm jurisdição: o que as normas de competência fazem é determinar em que momento e sob quais circunstâncias devem praticá-la (art. 87, 263, CPC). As normas de competência funcionam como uma "divisão de trabalho" no Judiciário, facilitando a prestação da atividade jurisdicional (art. 86, CPC).

São vários os critérios que o legislador levou em conta para a distribuição de competência no Direito Penal, logo abaixo são citados estabelecendo um paralelo entre cada um e esta produção teatral escrita por Pirandello:

- **Soberania nacional:** a soberania abrange conceito de Estado. Estado não soberano ou parcialmente soberano não é Estado. A soberania é um poder superior que não pode ser restringido por nenhum outro. Esse critério está fundamentalmente ligado à questão do território, sendo que o Estado se instala dentro dos limites territoriais pré-definidos.

---

[64] http://www.significados.com.br/jurisdicao/.

Na peça podemos concluir que o Estado é caracterizado pela soberania exercida pelo Mago Cotrone e pela territorialidade, limites da Vila Mágica. A soberania é desrespeitada pelos gigantes que atuam como Estado quando condenam e executam a sentença de morte da Condessa.

- **Hierarquia e atribuições dos órgãos jurisdicionais:** esses critérios são imprescindíveis para a prática do poder jurisdicional. Para assegurar a existência de mais de um grau de jurisdição é indispensável atribuir a algumas instâncias a prerrogativa de alterar o que foi decidido por outras, de modo a permitir que toda decisão possa ser devidamente revista, diminuindo a possibilidade de arbitrariedades e erros. Assim, é factível legitimar o Direito para que o poder decisório não se centralize em um único indivíduo ou órgão, garantindo a dignidade da pessoa humana, visto que o objetivo é efetivar ao máximo o direito ao contraditório e à ampla defesa.

  Percebemos na obra a existência clara de uma hierarquia. O Mago é o líder daquela Vila, entretanto, não é definida a separação dos poderes e nem sequer o duplo grau de jurisdição. Também na peça não há impedimento para que Cotrone designe indivíduos do povoado com a função de exercer os papéis do legislativo e do judiciário, cabendo a ele o trabalho do executivo.

- **Limites territoriais e competência pela matéria:** apesar do entendimento prevalecente de que o Poder Judiciário é único e indivisível, **há**, por critério de organização, uma divisão interna por matéria a ser julgada (cível, eleitoral ou penal, por exemplo) e em relação a localidades (Belo Horizonte, Porto Alegre, Goiânia etc.), de modo a impedir o tribunal de exceção e preservar o princípio do Juiz Natural. Quanto à territorialidade fica óbvio que os limites que a definem são os mesmos da Vila. Considerando o tamanho do território e o número de seus habitantes, não há nenhum ente federado. Na peça, a sociedade se organiza com características rudimentares semelhantes ao absolutismo, dessa forma não há separação de poderes. Apenas o Mago Cotrone pode tomar toda e qualquer decisão seja de que matéria for.

Além dos critérios de competência, é indispensável para um julgamento justo utilizar o "sistema acusatório". Nesse, é necessário separar o julgador da acusação, impedindo que o mesmo órgão/pessoa atue nas duas frentes. Tal separação visa garantir resposta imparcial do julgador que tem o papel de tão somente analisar as argumentações das partes, sem incumbência de buscar uma condenação, o que fica a cargo do órgão acusador.

Ao citar o sistema acusatório é importante mencionar a doutrina das velocidades do Direito Penal. Nela, o professor espanhol Jesús Maria Silva Sánchez nos ensina que os crimes devem ser divididos em três velocidades: 1ª velocidade a ser aplicada nos delitos de penas mais graves, assegurados assim todos os direitos e garantias relacionados ao contraditório e à ampla defesa, levando a um julgamento mais lento; 2ª velocidade a ser aplicada às infrações menos graves, inclusive podendo haver sanções leves sem o devido processo legal, como é o caso da transação penal nos Juizados Especiais Criminais; 3ª velocidade a ser aplicada às delinquências de penas graves, mas ao contrário da 1ª não serão preservadas todas as garantias e direitos, haja vista que o acusado é considerado um inimigo do Estado, logo deve ser julgado de maneira mais célere e de modo exemplar. Ressalta-se que essa última não é aplicada ou permitida no Brasil.

Na representação da peça, além de não haver separação de poderes (legislativo, executivo e judiciário), a sociedade nela inclusa tem características rudimentares, mais próximas ao absolutismo, onde todo o poder (inclusive judiciário sem distinção de natureza), concentra-se nas mãos de um único indivíduo, no caso o Mago Cotrone, aquele que como juiz natural deveria julgar os conflitos. Entretanto, quem ocupa o papel de julgador (juiz de exceção), de modo inquisitório, acusando, julgando e executando são os gigantes. Também o caso em questão no drama poderia ser enquadrado na

3ª velocidade do Direito Penal, visto que a condenação rápida, sem garantir as prerrogativas da acusada, mirava tão somente ser um exemplo para a sociedade.

As Constituições dos países onde vigora a democracia, no intuito de coibir a prática do juízo de exceção, contemplam um célebre princípio, o juiz natural. Esse estabelece a necessidade de garantir regras para fixação de um tribunal anterior ao fato, garantindo assim não só a isonomia do processo, como também a isenção e a imparcialidade do julgador e, exatamente por isso, a competência jurisdicional deve ser definida anteriormente ao caso concreto. A parcialidade tem de se ater primordialmente aos advogados, sujeitos parciais por primazia.

Nota-se que o termo juiz natural não é expressamente citado na Constituição Federal de 1988, sendo que as expressões "tribunal de exceção" e "autoridade competente" são vistas com certa constância.

Sobre isso aduz Costa Machado:

> O fato é que as duas dimensões juntas significam a tutela constitucional da imparcialidade do juiz, elemento inafastável do devido processo legal. Pois bem, o que a constituição nesse passo proíbe, em primeiro lugar, é a instituição de um órgão judiciário *ex post facto*, isto é, a criação de um órgão judiciante posterior ao fato apenas para o julgamento deste mesmo fato, penal ou civil. Fica vedado, em segundo lugar, o estabelecimento de juízo ou tribunal *ad personam*, vale dizer, a instituição de órgão jurisdicional para julgamento de determinada ou determinadas pessoas, ainda que a respeito de fatos ocorridos anteriormente à constituição do órgão.

CONCLUSÃO

Já na Antiguidade Grega, as tragédias de Ésquilo[65] e Eurípides[66] abriram espaço para discussões filosóficas sobre conflitos, razão, ética e Direito. Mais tarde, no Renascimento, as peças de Shakespeare[67]

---

[65] Ésquilo (Oresteia – *458 a.C., Prometeu – data desconhecida).*

[66] Eurípides (*Medeia* – 431 a.C.; *As mulheres de Tróia* – 415 a.C.).

[67] Shakespeare (*O mercador de Veneza* – 1596/1597, *Romeu e Julieta* – 1595/1596).

entre outras seguiram esse enfoque. Há inúmeros exemplos e é bom mencionar ao menos um que remonta ao século XIX: *O Inspetor Geral*, do teatrólogo russo Nikolai Vasilievich Gogol, publicado em 1836. No caso, essa produção é especialmente relevante por ter sido montada em 2013 também pelo Grupo Galpão, desta vez dirigida por Paulo José Gómez de Sousa[68]. Ainda hoje é possível perceber esse mesmo interesse temático em obras contemporâneas estrangeiras e brasileiras como nas tragédias de Dias Gomes[69] ou nas comédias de Ariano Suassuna.[70] Nessa linha e de maneira sintética, Direito e teatro se encadeiam para retratar fenômenos jurídicos e culturais de determinado momento em determinada sociedade.

Tanto o Direito como a Arte (escultura, pintura, teatro, cinema, música, dança, Literatura etc.) são manifestações históricas que desvendam a natureza humana no decorrer dos séculos e a cumplicidade que se estabelece entre os dois pode ser fonte de esclarecimento para os estudiosos da lei, da representação e da Filosofia.

Dando seguimento ao raciocínio, compreende-se que a *performance* mineira, sob a égide surrealista de Pirandello, despreza as construções refletidas e o encadeamento lógico dos fatos para ativar o inconsciente, o irracional, os estados mórbidos, os fantasmas, os crimes e os sonhos. Essas imagens revelam um universo que não é nem ficção nem uma imitação do mundo real, mas que constitui, sobretudo, a expressão da subjetividade do artista, seu prolongamento propriamente dito. O trabalho de condensação e de deslocamento, característico do sonho, confere à obra de Pirandello não só tonalidades surrealistas, mas também as de um sonhador lírico consciente que contesta o naturalismo/realismo vigente na sua época e que escolhe uma linguagem onírica para problematizar discussão sobre o valor do teatro, da poesia, da Literatura, da lei, da justiça, do Direito. Seus personagens enigmáticos assumem significações múltiplas: a Condessa é, no contexto, mulher, mãe, amante, atriz, heroína e ré.

---

[68] Paulo José Gómez de Sousa, ator e Diretor de Teatro e de Televisão (Rede Globo).

[69] Dias Gomes (*O pagador de promessas* - 1960 e *O Santo Inquérito* – 1966).

[70] Ariano Suassuna (*O auto da compadecida* – 1975).

Relevante ainda é o fato de o título da peça conter alusão parodística ao romance clássico espanhol de Miguel de Cervantes Saavedra, *Don Quixote de la Mancha*, o cavaleiro andante que, batizado nas leis da cavalaria, sai pelo mundo em busca de fama e de justiça. Em uma de suas mais notáveis e nobres aventuras, o herói enfrenta os notórios moinhos de vento transformados por sua imaginação destorcida em gigantes imbatíveis, semelhantes aos descritos por Cotrone na peça de Pirandello:

COTRONE

> — Não são propriamente gigantes, Conde. São chamados assim porque são grandes e fortes, e estão no alto da montanha que fica perto de nós. Sugiro que vocês se apresentem a eles. Vamos juntos. Mas será preciso saber conquistá-los. A obra em que se empenharam lá em cima - o exercício contínuo da força, a coragem que tiveram que adquirir contra todos os riscos e perigos de uma empresa grandiosa, escavações e fundações, canalização de água para represa, fábricas, estradas, culturas - essa obra não apenas desenvolveu enormemente seus músculos, mas também, naturalmente, os tornou um pouco duros de cabeça e um tanto bestiais.[71]

Assim como os moinhos de vento (gigantes de Cervantes), os gigantes da montanha (brutos de Pirandello) não podem ser visualizados com foco realista naturalista. Eles pertencem a uma esfera onírica poética, lírica e transbordante: surrealista. O esquartejamento de Ilse metaforiza o assassinato da arte e, de modo mais específico, a do teatro, no mundo dos homens que aqui se confunde com o mundo mágico dos fantasmas. Uma conclusão lógica possível é que, para Pirandello, assistir teatro é atitude tão obrigatória como respeitar as leis vigentes.

Considerando o exposto acima, a peça *Os gigantes da montanha*, como já mencionamos, poderia ser classificada como pertencente ao gênero gótico neotrágico ou à tragicomédia gótica e Ilse, a ré

---

[71] PIRANDELLO, 1990, p. 111-112.

executada, destaca-se como heroína, nos moldes de Prometeu. Esse Titan grego roubara dos deuses o fogo e as artes úteis e os dera aos homens, incitando assim a ira de Zeus, que o puniu amarrando-o a um rochedo, onde uma águia dilacerava-lhe a cada dia, o fígado, que se reconstituía a cada noite, causando-lhe tormenta infinda. Nessa esteira, a Condessa comete crime semelhante ao defender a tese de que o teatro pertence substancialmente aos homens.

Quanto à conclusão jurídica, foco principal deste trabalho, sustenta-se que, apesar dos avanços relacionados ao estudo do Direito, observa-se que essa ciência parece algumas vezes continuar presa ao ideário racionalista de cunho positivista, não condizendo com a complexidade do mundo contemporâneo. A racionalização pura do Direito impede a quebra de paradigmas que se constituem como elementos de grandeza imensurável para enriquecer o pensamento jurídico, inclusive positivar situações diversas.

A emblemática tragédia grega Édipo Rei de Sófocles também ilustra como a análise do mundo imaginário tem a capacidade de trazer consideráveis contribuições ao conhecimento humano, desde o âmbito jurídico, da psicanálise, da antropologia, entre outros. Assim como na peça supramencionada, a análise de *Os gigantes da montanha* traz valiosas lições ao mundo do Direito. O juiz de exceção presente na obra demonstra a irrazoabilidade desse tipo de tribunal e auxilia a História a explicar quanto à necessidade de erradicar-se qualquer situação que se assemelhe aos julgamentos da Condessa Ilse, Nuremberg e Hussein.

O Direito busca os caminhos da justiça, não podendo por si só definir o que é justo/injusto: deve, portanto, valer-se de todas as formas de expressão para alcançar a via mais adequada ao desenvolvimento a serviço da Sociedade.

POST SCRIPTUM

Em 9 de julho de 2021, foi publicado no caderno Em Cultura do Jornal *Estado de Minas*, na coluna Pensar, um artigo escrito por Eduardo Moreira, ator fundador do Grupo Galpão, intitulado pelo próprio jornal *Os Gigantes das Nossas Montanhas*. Essa publicação valoriza o trabalho eloquente e ímpar dos integrantes da trupe mineira. Entretanto, urge salientar que o vocábulo *"Gigantes"*, no jornal, assume conotação diversa daquela na peça. Pirandello caracteriza tais personagens como brutos, grosseiros, agressivos e finalmente assassinos, ao passo que os *Gigantes das Nossas Montanhas* são grandes, fortes, lutadores e capazes, qualidades indubitáveis dos participantes do Grupo. A troca do sentido, seja ela consciente ou não, valoriza e enaltece o magnífico trabalho da trupe mineira.

PERSONAGENS	ATOR / ATRIZ	CARACTERIZAÇÃO
Duccio Doccia / Anjo Cento e Um	Beto Franco	Habitante da vila dos fantasmas
Quaquèo	Luiz Rocha (ator convidado)	Habitante da vila dos fantasmas
Diamante / Madalena	Regina Souza (atriz convidada)	Integrante da trupe teatral
Cromo	Antonio Edson	Integrante da trupe teatral
Conde	Arildo de Barros	Integrante da trupe teatral
Cotrone	Eduardo Moreira	Líder da vila mágica, incentivador da encenação da fábula, idealista, mágico (mago)
Condessa Ilse	Inês Peixoto	Defensora da arte teatral, idealista, protagonista da peça
Spizzi	Júlio Maciel	Soldado, integrante da trupe
Mara-Mara	Lydia Del Picchia	Habitante da vila dos fantasmas
Batalha	Paulo André	Integrante da trupe teatral
Sgriccia	Simone Ordones	Habitante da vila dos fantasmas

PERSONAGENS	ATOR / ATRIZ	CARACTERIZAÇÃO
Sonâmbula	Teuda Bara / Fernanda Vianna	Integrante da trupe teatral
Os gigantes	Ausentes das cenas	Brutos, fortes, insensíveis à arte e um tanto quanto bestiais

Os Gigantes da Montanha
Pirandello
2013

Fábula inacabada escrita pelo dramaturgo italiano Luigi Pirandello, *Os Gigantes da Montanha* é uma alegoria sobre o valor do teatro (e, por extensão, da poesia e da arte) e sua capacidade de comunicação com o mundo moderno, cada vez mais empenhado nos afazeres materiais.

O embate entre o pragmatismo dos que "vivem a vida" (os Gigantes) e a poesia dos que "vivem a arte" (os atores da companhia da Condessa) terá consequências trágicas. No meio desses extremos, existe o mundo da Vila governado pelo mago Cotrone, que defende a supremacia da imaginação sobre a realidade, numa espécie de delírio místico em que todos "vivem numa contínua embriaguez celeste".

A montagem celebra o reencontro do Galpão com o diretor Gabriel Villela, numa parceria que criou espetáculos marcantes na trajetória de mais de 30 anos do grupo, como *Romeu e Julieta* e *A Rua da Amargura*.

Elenco

Antonio Edson: **Cromo**
Arilda de Barros: **Conde**
Beto Franco: **Duccio Doccia / Anjo 101**
Eduardo Moreira: **Cotrone**
Inês Peixoto: **Condessa Ilse**
Júlio Maciel: **Spizzi / Soldado**
Luiz Rocha (ator convidado): **Quaquèo**
Lydia Del Picchia: **Mara/Mara**
Paulo André: **Batalha**
Regina Souza (atriz convidada): **Diamante / Madalena**
Simone Ordones: **A Sgricia**
Teuda Bara: **Sonâmbula**

Equipe Grupo Galpão

Gerência executiva: **Fernando Lara**
Coordenação de produção: **Gilma Oliveira**
Consultoria de planejamento: **Romulo Avelar**
Coordenação de planejamento: **Ana Amélia Arantes**
Coordenação de comunicação: **Beatriz França**
Coord. administrativa e financeira: **Wanilda D'artagnan**
Produção executiva: **Beatriz Radicchi**
Iluminação: **Rodrigo Marçal**
Cenotécnica: **Helvécio Izabel**
Sonorização: **Vinícius Alves**
Assistência de produção: **Evandro Villela**
Assistência de comunicação: **Ana Carolina Diniz**
Assistência de Planejamento: **Natália Abreu**
Assistência financeira: **Renata Ferreira**
Assistência administrativa: **Andréia Oliveira**
Auxiliar técnico: **William Teles**
Recepção: **Cidia Santos**
Serviços gerais: **Lê Guedes**

Equipe de criação

Direção: **Gabriel Villela**
Texto: **Luigi Pirandello**
Tradução: **Beti Rabetti**
Dramaturgia: **Eduardo Moreira e Gabriel Villela**
Assistência de direção: **Ivan Andrade e Marcelo Cordeiro**
Assistência e Planejamento de ensaios: **Lydia Del Picchia**
Antropologia da Voz, direção e análise do texto: **Francesca Della Monica**
Direção, arranjos, composição e preparação musical: **Ernani Maletta**
Preparação vocal e texto: **Babaya**
Iluminação: **Chico Pelúcio e Wladimir Medeiros**
Figurino: **Gabriel Villela, Shicó do Mamulengo e José Rosa**
Coordenação Artística do Ateliê Arte e Magia: **José Rosa**
Cenografia: **Gabriel Villela, Helvécio Izabel e Amanda Gomes**
Assistência de Cenário: **Amanda Gomes**
Pintura do cenário: **Daniel Ducato e Shicó do Mamulengo**
Adereços: **Shicó do Mamulengo**
Bordados: **Giovanna Vilela**
Costureiras: **Taires Scatolin e Idaléia Dias**
Luthier: **Carlos Del Picchia**
Fotos: **Guto Muniz**
Registro e cobertura audiovisual: **Alicate**
Design sonoro: **Vinícius Alves**
Programação Visual: **Dib Carneiro Neto, Jussara Guedes, Suely Andreazzi**
Tratamento de Imagens do Programa: **Alexandre Godinho e Maurício Braga**
Logo do espetáculo: **Carlinhos Müller**
Direção de Produção: **Gilma Oliveira**

GRUPO GALPÃO

classificação livre • **www.grupogalpao.com.br**

PATROCÍNIO   APOIO   REALIZAÇÃO

REFERÊNCIAS JURÍDICAS

CABRAL, Danilo César. *O que foi o julgamento de Nuremberg?* Disponível em: http://mundoestranho.abril.com.br/materia/o-que-foi-o-julgamento-de-nuremberg. Acesso em: 10 jul. 2021.

FERNANDES, Cristina Wanderley. *O princípio constitucional e os tribunais de exceção*. Disponível em: http://www.direitonet.com.br/artigos/exibir/1455/O-principio-constitucional-e-os-tribunais-de-excecao. Acesso em: 10 jul. 2021.

GOMES, Luiz Flávio. *Julgamento de Saddam Hussein*: exemplo de justiça primitiva. Disponível em: http://jus.com.br/artigos/9294/julgamento--de-saddam-hussein. Acesso em: 11 jul. 2021.

LENZA, Pedro (Desembargador). *Direito Constitucional Esquematizado*. São Paulo: Saraiva, 2010.

MACHADO, Costa. *Código de Processo Civil Interpretado e Anotado*. São Paulo: Editora Manole, 2006. p. 17.

MARQUES, Pedro Ivo. *Princípios Constitucionais do Processo*. Disponível em: http://www.jurisway.org.br/v2/dhall.asp?id_dh=5191. Acesso em: 10 jul. 2021.

MORAES, Alexandre de. *Direito Constitucional*. São Paulo: Editora Atlas, 2007.

OS julgamentos de Nuremberg. *Enciclopédia do Holocausto*. Disponível em: http://www.ushmm.org/outreach/ptbr/article.php?ModuleId=10007722. Acesso em: 11 jul. 2021.

SANTOS, Moacir Amaral. *Primeira Linha de Direito Processual Civil*. 23. ed. São Paulo: Saraiva. 2004. p. 377. v. 1.

REFERÊNCIAS LITERÁRIAS

ALVES, Júnia; NOE, Marcia. *O palco e a rua*: a trajetória do Grupo Galpão. Belo Horizonte: PUC Minas, 2006.

ARISTÓTELES. *Poética*. Tradução: Eudoro de Sousa. Rio de Janeiro - Porto Alegre - São Paulo: Editora Globo, 1966.

BRAGA, Carolina. As cores do mundo. *Caderno Cultura*, Belo Horizonte, p. 1, 2013.

BRAGA, Carolina. Surrealismo lírico na rua. *Caderno Cultura*, Belo Horizonte, p. 8, 2013.

BRAGA, Carolina. Galpão busca poesia em canções italianas. *Caderno Cultura*, Belo Horizonte, p. 6, 2013.

BRAGA, Carolina. Arte sobre a cidade. Belo Horizonte, *Caderno Cultura*, p. 1, 2013.

BRETON, André. *Primeiro Manifesto do Surrealismo*, 1924.

BRANT, Ana Clara. *Aos pés da montanha*. Belo Horizonte, 2013. p. 2.

CUNHA, Gustavo. Galpão estreia fábula italiana com música, magia e poesia. Belo Horizonte, *Jornal Metro*, p. 11, 2013.

NOGUEIRA, Bernardo; SILVA, Ramon. *Direito e Literatura*: por que devemos escrever narrativas. Belo Horizonte: Arraes Editores, 2013.

NOTAS do programa da produção de *Os gigantes da montanha*. Belo Horizonte, arquivo do Grupo Galpão, 2013. Distribuição gratuita.

PIRANDELLO, Luigi. *Os gigantes da montanha*. Tradução: Betti Rabetti. Rio de Janeiro: Coleção Dramaturgias, 2003.

PIRANDELLO, Luigi. *Os gigantes da montanha*. Dramaturgia: Eduardo Moreira e Gabriel Villela. Belo Horizonte. Não publicado, arquivo do Grupo Galpão, 2013.

RIBEIRO, Martha. O confronto entre ator e personagem em Pirandello. *Graphos,* João Pessoa, v. 12, n. 1, jun. 2010.

SUASSUNA, Ariano. *O auto da compadecida*. Rio de Janeiro: Agir, 1975.

REFERÊNCIAS ELETRÔNICAS

http://www.direitonet.com.br/artigos/exibir/1455/O-principio-constitucional-e-os-tribunais-de-excecao. Acesso em: 1 jul. 2021.

http://www.direitonet.com.br/artigos/exibir/1455/O-principio-constitucional-e-os-tribunais-de-excecao. Acesso em: 1 jul. 2021.

http://www.coladaweb.com/direito/principio-do-juiz-natural. Acesso em: 1 jul. 2021.

http://academico.direito-rio.fgv.br/wiki/Juiz_natural_(2009.1). Acesso em: 1 jul. 2021.

http://www.komedi.com.br/escrita/leitura.asp?Texto_ID=12914. Acesso em 1 maio 2005.

http://www.baguete.com.br/colunistas/colunas/68/felipe-basso/03/04/2007/a-versao-e-o-fato. Acesso em: 6 jun. 2013.

http://www.jurisway.org.br/v2/dhall.asp?id_dh=5191. Acesso em: 2 jul. 2021.

http://pt.wikipedia.org/wiki/Princ%C3%ADpio_do_juiz_natural. Acesso em: 11 jul. 2021.

http://jus.com.br/artigos/9294/julgamento-de-saddam-hussein. Acesso em: 11 jul. 2021.

http://www.jusbrasil.com.br/topicos/294049/principio-do-juiz-natural. Acesso em: 11 jul. 2021.

http://pt.wikipedia.org/wiki/Saddam_Hussein. Acesso em: 11 jul. 2021.

http://pt.wikipedia.org/wiki/Julgamentos_de_Nuremberg. Acesso em: 12 jul. 2021.

http://mundoestranho.abril.com.br/materia/o-que-foi-o-julgamento-de-nuremberg.

Acesso em: 12 jul. 2021.

http://www.ushmm.org/outreach/ptbr/article.php?ModuleId=10007722. Acesso em: 12 jul. 2021.

http://www.conpedi.org.br/manaus/arquivos/anais/XIVCongresso/129.pdf. Acesso em: 3 ago. 2013.

http://www.publicadireito.com.br/conpedi/anais/36/10_1787.pdf. Acesso em: 12 jul. 2021.

https://www.todamateria.com.br/edipo-rei/. Acesso em: 12 jul. 2021.

https://www.justificando.com/2020/06/19/edipo-rei-de-sofocles-dialo-gos-entre-o-direito-e-a-psicanalise/. Acesso em: 12 jul. 2021.

https://ambitojuridico.com.br/cadernos/direito-processual-civil/o-lega-do-racionalista-no-direito-processual-civil-brasileiro/#:~:text=Essa%20 conceitualiza%C3%A7%C3%A3o%20marcante%20tem%20origem,cha-mamos%20de%20ideologia%20(racionalista). Acesso em: 12 jul. 2021.

TRANSCRIÇÃO INTER SEMIÓTICA DA HISTÓRIA PARA O PALCO E DIREITO TRIBUTÁRIO EM *GONZAGA OU A REVOLUÇÃO DE MINAS*, DE CASTRO ALVES[72]

Lucas Silvani Veiga Reis
Luis Felipe Mourthé Magalhães
Junia de Castro Magalhães Alves

QUADRO DOS PERSONAGENS

Personagens	Características
Escravo Luiz	Liberto por seu dono Gonzaga, de quem é seguidor fiel
Thomaz Antônio Gonzaga	Advogado, poeta, herói da Inconfidência Mineira
Cora (mencionada)	Escrava, mulher de Luiz: suicidou-se
Carlota	Filha de Luiz. Escrava de José Silvério dos Reis
Cláudio Manoel da Costa	Advogado, poeta, inconfidente, apareceu morto na prisão
José de Alvarenga Peixoto	Inconfidente
Carlos Correa de Toledo	Inconfidente, padre, orientador espiritual do grupo
Joaquim Silvério dos Reis	Coronel, traidor, delator da conspiração mineira
Visconde de Barbacena	Governador da Província

---

[72] Antônio Frederico de Castro Alves (1847-1871) é um escritor baiano, representante da Terceira Geração Romântica no Brasil. Poeta dos Escravos: expressou em suas poesias a indignação contra graves problemas sociais de seu tempo. É patrono da cadeira n.º 7 da Academia Brasileira de Letras.

Personagens	Características
Maria Dorothéa de Seixas Brandão	Adolescente, noiva e musa inspiradora do poeta Gonzaga e por ele cognominada Marília de Dirceu
Joaquim José da Silva Xavier	Tenente, herói e mártir da Inconfidência Mineira. Foi enforcado, esquartejado, e assim exposto ao público como mau exemplo
Tenente – Coronel João Carlos Xavier da Silva Ferrão	
Escravo Paulo	
Carcereiro	
Criado	

APRESENTAÇÃO

Gonzaga ou a Revolução de Minas é uma construção teatral dramática, escrita pelo famoso "poeta dos escravos" Castro Alves, em 1867. Foi redigida em cerca de um ano, primeiramente encenada na Bahia e depois transferida para São Paulo.

Embora criticada pelos intelectuais à época por seu excesso de verbosidade e emoção, houve reconhecimento tácito de que Castro Alves continha enorme conhecimento linguístico e imaginação fértil, capaz de torná-lo um dos mais notórios intelectuais daquele momento.

O jovem baiano prestava, com a obra, homenagem não só à coragem na busca da liberdade empreendida pelos heróis da Inconfidência Mineira, mas também à atriz portuguesa Eugênia Câmara, dez anos mais velha do que ele, e por quem se apaixonara.

INTRODUÇÃO

Semiótica é o estudo da ação dos signos, dos próprios signos e de seu sistema.

Mas o que é o signo? É qualquer coisa que chama sua atenção para outra coisa, que representa outra coisa, por exemplo: um sinal de tráfego, uma palavra, uma aliança de noivado ou de casamento. É aquilo que todo objeto pressupõe.

Semiótica é a ciência geral de todos os tipos de linguagem, que estuda o funcionamento do signo na vida quotidiana em geral, bem como em todas as artes.

Vale lembrar que essa ciência surge quase que simultaneamente em três territórios distintos no espaço e na paternidade: EUA, União Soviética e Europa Ocidental. Nos Estados Unidos o nome referência é Charles Sanders Peirce: artista, lógico, filósofo, matemático, físico, astrônomo, linguista, historiador, psicólogo, cientista... A tradução Inter Semiótica da História da Inconfidência Mineira para o palco, por Castro Alves, revela uma linguagem hiperbolicamente romântica, própria do momento, mas, sobretudo da personalidade do autor.

O texto recria na peça os trâmites para a insurgência, a esperança romântica e a tragédia inexorável, de forma paralela ao original. Essa transposição semiótica do texto ao palco é, portanto, objeto relevante de estudo nos departamentos cênicos, dramáticos e de literatura comparada. A perícia na transposição da escrita para a representação atribui à obra um caráter autônomo, crítico reflexivo, necessário para sua sobrevivência: é o que se busca apontar no drama *Gonzaga e a Revolução de Minas*.

A tradução Inter Semiótica segue sua própria dinâmica. Ela é avessa à ideologia da fidelidade já que o movimento dos sinais vai se transformando e se desvinculando do original. A noção de signo vale como representação em si. O processo criador é subjetivo. Os fatos alteram a maneira de pensar do intérprete e o leitor trabalha como agente do sentido da obra. O texto é um processo do qual participam autor, intérprete, leitor ou plateia. A obra prevalece em sua complexidade para ser lida, relida, compreendida e reinterpretada.

Permanece a antiga máxima da representação, do *aliquid stat pro aliquo*[73], e o teatro assume seu papel duplo:

---

[73] Uma coisa que está no lugar da outra.

1. um aspecto pretensamente intelectual;
2. um outro carente de estímulo para compreender seu compromisso com a diversão.

ANÁLISE E DESENVOLVIMENTO

ESTAMOS EM PLENO MAR[74], de terror, de angústias, de indiferença, de sadismo, de perversão, de crueldade, de excessos, de ambição, de ideologia, de valores...

Entre 1866 e 1867, Castro Alves escreve *Gonzaga ou a Revolução de Minas*, e pouco depois a peça é encenada na Bahia e em seguida no estado de São Paulo (1868). O título do trabalho revela o tema que se mostra fragilizado e pífio no desenrolar da trama, já que se escora em abordagem idealista extrema. Mas é justamente o exagero semiótico romântico do escritor que o torna inigualável na escolha sonora e altamente emotiva de cada vocábulo que brota em sua mente: "falha" notória na égide linguística dos poetas dessa época.

Tiradentes, o mais destemido do grupo, prepara-se para a resistência e para o sonho (ou pesadelo?). A história desenrola-se pautada na concepção romântica do cristianismo: Cristo, revolucionário exemplo para os inconfidentes, ganha notoriedade ao perder a vida pelos homens. Sendo assim, a religião e os ideais de independência assumem papel preponderante no desenvolvimento da peça. Por outro lado, José Silvério dos Reis desponta como traidor irônico, mentiroso, dissimulado: "amigo/inimigo". Tendo em vista a referência acima, cabe estabelecer comparação entre José Silvério dos Reis e Judas Iscariotes: ambos são vistos como traidores de "heróis" e receptores de ganhos financeiros pela traição, em que pese os desfechos diferentes das histórias.

Outro ponto de destaque visa a abolição da escravatura. Luiz, escravo liberto, segue seu amo Gonzaga, física e intelectualmente. Ele é signo da consciência crítica na liderança dos escravos.

---

[74] Castro Alves, Antônio Frederico: *Tragédia no Mar.*

O texto é permeado por pinceladas melodramáticas, como a luta entre o bem e o mal, a revelação de segredos, encontros fatídicos, amores frustrados, delações, traições... A linguagem do autor é dirigida ao público acadêmico e por isso padece do excesso poético das figuras de linguagem. Tanto Machado de Assis quanto José de Alencar leram a peça e foram unânimes nos elogios tecidos ao trabalho, ambos ressaltando a exuberância de sua poesia, segundo eles, decorrentes da mocidade do escritor.

Nessa esteira há construções semioticamente hiperbólicas relativas ao engajamento de Luiz à revolução, à comparação do estado brasileiro de colônia à condição de entidade cativa da metrópole, às figuras de linguagem usadas para nominar os ricos de um lado e os serventes de outro, à valorização nacional dos mártires. No contexto da peça, Tiradentes, historicamente considerado o mais importante dos dissidentes, sede espaço para Tomáz Antonio Gonzaga.

Mais ainda, deve-se ressaltar a participação das mulheres mineiras que, a exemplo das muitas heroínas shakespearianas, agem com sucesso em defesa da honra, dos valores morais e amorosos. Assim, sorrateiramente, a história beira o terreno da literatura, e é reelaborada em obra literária.

A sociedade da capitania mineira difere-se bem das do Nordeste, baseadas na cana e no trabalho escravo. Configura-se mais flexível, pois com a descoberta do ouro, favorece a ascensão dos menos privilegiados, fossem eles negros, brancos ou mulatos. Fato semioticamente notório é que o movimento foi delatado por Joaquim Silvério dos Reis, devedor da coroa portuguesa, para obter o perdão de suas dívidas e alcançar outros tantos privilégios.

Tiradentes, signo da insurreição e da culpa, foi enforcado, esquartejado e exposto ao público. Claudio Manoel da Costa morreu na prisão. Alguns inconfidentes foram deportados para a África e voltaram ao Brasil após a independência. Tomás Antônio Gonzaga, exilado para Moçambique, lá se casou e viveu até os 67 anos.

Mesmo que se ressalte a inverossimilhança e o tom altamente dramático do texto, características inerentes à literatura, *Gonzaga ou a Revolução de Minas* surge como um dos dramas mais românticos e inspirados da literatura brasileira.

O tributo relativo ao ouro, cobrado pela Metrópole aos proprietários mineiros, faz parte do Direito Tributário, um ramo do Direito Público, que tem por finalidade a regulação da cobrança pelo Estado às pessoas, sejam elas naturais ou jurídicas, em que a construção e a sedimentação da matéria na atualidade visa a proteção dos contribuintes, de maneira a impedir que sejam realizadas cobranças abusivas e surpresas por parte do Estado. Nesse contexto será estudado como se formam as cobranças, a competência, os modelos de arrecadação e a fiscalização.

O Direito e a História possuem relação próxima, pois um auxilia na construção do outro de maneira simultânea e colaborativa: a criação e aplicação das normas constituem conhecimento histórico que, por sua vez, auxilia na formação de novos ordenamentos jurídicos.

O conceito de tributo, sobretudo o de imposto, concretizado durante a Revolução Francesa, partiu da premissa da separação entre o patrimônio do contribuinte e o do governante, tendo ainda de ser considerada a receita pública que visava manter a máquina estatal em funcionamento. Durante os regimes absolutistas, havia clara confusão entre patrimônio/gastos do Estado e o que era referente ao patrimônio/gastos do monarca, de maneira que em muitos casos não havia interesse em tal separação, fazendo com que os contribuintes e a corte entendessem que se tratava da mesma coisa. Os ideais iluministas de liberdade, igualdade e fraternidade embasam o ponto de partida do atual ordenamento jurídico tributário brasileiro. Vale lembrar que esse tripé motivou o movimento da Inconfidência, sendo comum que os filhos dos mineradores fossem estudar na Europa trazendo consigo a teoria e difundindo-a em território nacional, sobretudo no estado de Minas Gerais. Todavia, foi a partir do Estado Moderno que a disciplina tributária passou a existir, mesmo que, em sua gênese, o poder político real fizesse questão de se impor como se fosse o Estado.

Outrossim, não se deve deixar de mencionar que a instituição de tributos foi uma forma de os Estados Modernos se manterem unidos e protegidos, em face dos ataques de outras nações ou mesmo para resguardo dos cidadãos. Por outro lado, há autores que criticam essa mentalidade, entendendo que tal discurso seria apenas uma forma de justificar a cobrança tributária.

> A burocracia não cria somente arquivos, ela também inventa um discurso de legitimação: é preciso haver impostos para fazer a guerra; a guerra diz respeito a todos nós, é preciso se defender contra o inimigo estrangeiro. Em seguida, passa-se dos impostos cobrados em situação de guerra aos impostos cobrados em permanência para a defesa nacional; passa-se do descontínuo ao contínuo, o que supõe um trabalho de construção simbólica muito importante. A construção do Estado é em grande parte uma invenção mental. Para o exercício mesmo do trabalho de cobrança dos impostos, o uso da força simbólica é muito importante.[75]

Entretanto, cabe ressaltar que mesmo nas civilizações mais antigas havia formas de tributação, mas em uma concepção diferente, podendo ser visto como um dever público ou como imposição feita a pessoas estrangeiras ou povos derrotados em batalhas.

> O cidadão, porque livre, não estava sujeito a tributos, posto que tivesse seus deveres públicos. Estes, no entanto, longe de serem vistos como restrição de suas liberdades, eram exatamente sua exteriorização. O elevado grau de participação na vida pública tornava indistintos o cidadão e a coletividade. [...]. Na Grécia os tributos diretos apenas eram cobrados dos que não eram livres e dos estrangeiros, na forma de um imposto de captação (tributo de proteção), mas jamais dos cidadãos livres. [...] Também a Roma republicana baseava sua força financeira nas prestações dos povos vencidos, lançando mão do direito de pilhagem e tomada de terra [...]. Em síntese, o tributo era o preço da falta de liberdade.[76]

---

[75] BOURDIEU, 2014, p. 274.
[76] SCHOUERI, 2015, p. 19.

No momento, os impostos no Brasil, semelhantemente a da história da insurgência em Ouro Preto e quiçá outras no mundo, são alvos de críticas constantes e levantados como tema em época de eleições, haja vista que sempre haverá o conflito entre a vontade do contribuinte de pagar menos tributos e do Estado de arrecadar mais e assim facilitar a gestão da máquina pública. Para um debate crítico mais profundo sobre o assunto é mister conhecer a origem deles no País. O ponto de partida mais plausível para essa análise é justamente o foco da peça: a Inconfidência Mineira (revolta fiscal).

A atual definição de tributo advém do Código Tributário Nacional Brasileiro, artigo 3º, conforme abaixo:

> Tributo é toda prestação pecuniária compulsória, em moeda ou cujo valor nela se possa exprimir, que não constitua sanção de ato ilícito, instituída em lei e cobrada mediante atividade administrativa plenamente vinculada.

Vem daí a obrigatoriedade da quitação que normatiza a cobrança pelo poder estatal. Atualmente, a concepção de tributo é regida por ordenamentos definidos, mas houve momentos em que era considerada presente aos governantes e nem sempre oferecida em moeda. Podia ser paga, por exemplo, com joias, iguarias, mantimentos ou outras formas de recompensa. Assim, nem sempre foi adotada uma cobrança por definição legal, mediante atividade administrativa vinculada pelo Estado, sendo por muito tempo instituídas cobranças visivelmente abusivas e que tinham como único objetivo o enriquecimento de quem tributava em prejuízo dos pagantes que não recebiam contraprestação.

Os problemas se repetem ao longo dos tempos: o governo com dificuldade em equilibrar as contas públicas e o contribuinte em manter a própria saúde financeira. Assim como na peça, um aumenta as contribuições obrigatórias, bem como as fiscalizações e punições para os sonegadores, e outro busca maneiras cada vez mais elaboradas e inteligentes de sonegá-las.

A compreensão do sistema tributário de um país depende de sua organização econômica, jurídica, cultural, política, social... Para isso é preciso observar fatores tais como o produto interno bruto, a renda *per capta*, o nível de corrupção vigente e o de inclusão ou exclusão social, a concentração e ou distribuição das riquezas produzidas, a sonegação fiscal, a forma de Estado e o sistema de governo.

Historicamente a cobrança é considerada imoral e os cidadãos nutrem-lhe aversão. De certa forma significa atividade marginal. A dependência de uma nação à outra, como a do Brasil a Portugal, traz aspecto determinante ao caráter inescrupuloso desses pagamentos. O dinheiro arrecadado com os impostos era destinado à Coroa Portuguesa e não ao Brasil, o que de fato caracterizava um desvio da riqueza brasileira, gerando maior indignação, haja vista que tudo arrecadado destinava-se ao outro lado do oceano. Outro item de destaque é que a onerosidade à qual os contribuintes eram submetidos revertia-se em favor dos governantes (que se consideravam o próprio Estado), e não dos Estados, propriamente ditos, característica muito comum no absolutismo e, infelizmente, no Brasil de hoje, já que vemos denúncias de gestores públicos utilizando recursos e bens em proveito próprio.

> *L'état, c'est moi! (O Estado sou eu). Essa frase foi supostamente dita (alguns historiadores duvidam da veracidade do fato) por Luís XIV, o rei Sol, em 13 de Abril de 1655. Ela simboliza o absolutismo monárquico e o enfrentamento ao parlamento, promovido pela autoridade real francesa*[77].

O imposto cobrado pelo governo durante o Brasil Colônia recebeu a nomenclatura de "Quinto". Isso se deveu ao fato de que ele correspondia a 20% (1/5) da extração de metal lançado nos registros pelas casas de fundição. O valor era abusivo e a ojeriza da população pela cobrança resultou em um apelido para o imposto: "*O Quinto dos Infernos*". Destaca-se que, em meados do século XVII, a busca pelo ouro e pedras preciosas começou a decair e vários colo-

---

[77] Ian Germoglio, L'État, c'est moi!. https://www.termometrodapolitica.com.br/colunas/letat-cest-moi/#:~:text=L'%C3%89tat%2C%20c'est%20moi!,-Foto%3A%20Fotos%20P%C3%BAblicas&text="O%20Estado%20sou%20eu',promovido%20pela%20autoridade%20real%20francesa.

nos não dispunham de valores para arcar com o débito e ficavam, consequentemente, inadimplentes. Dessa maneira, com o escopo de conseguir cobrar todos os valores devidos, por meio do Alvará Régio de 03 de dezembro de 1750, foi desenvolvida a Derrama, um método de cobrança forçado referente aos valores devidos do "Quinto", de uma única vez:

> *A derrama consistiu na cobrança de impostos atrasados. Em tempos de Brasil Colônia, com o auge e a baixa da extração de ouro nas Minas Gerais, a Coroa Portuguesa, tendo por base de cálculo uma produção média de 500 arrobas de ouro por ano, estabeleceu em 1750 que o rendimento anual do quinto deveria ser de 100 arrobas. Para completá-la, elaborou-se a técnica tributária da derrama, que consistia na exigência de que a população pagasse a diferença. Todos os habitantes, mineradores ou não, eram obrigados a contribuir, calculando-se as contribuições ao acaso e sem critérios, segundo as estimativas sobre as posses de cada um.[78]*

É interessante observar como a História se repete com as características peculiares a cada período, mas com semelhança nos interesses das partes envolvidas. No Brasil Colônia, os contribuintes criavam suas técnicas de burlar o Fisco, como escoar ouro por caminhos alternativos e utilizar a prática do santo do pau-oco. Já nos tempos atuais, as técnicas de burla estão igualmente presentes, ainda que mais complexas e com novas configurações: o objetivo é o mesmo - o pagamento de menos tributos.

No período colonial eram implantados métodos de combate à sonegação: criação de novas Casas de Fundição e dos Registros e sanções para quem cometesse irregularidades. Podia ser a perda do produto ou até cinco anos de degredo em Angola, independentemente da capacidade contributiva do indivíduo. Da mesma forma, atualmente, são criados diversos meios para impedir a sonegação, como por exemplo, o *upgrade* das Receitas e a obrigatoriedade de bancos, financeiras ou mesmo operadoras de cartões de créditos

---

[78] HOLANDA, Sérgio Buarque de (org.). Historia Geral da Civilização Brasileira. Tomo 1. A Época Colonial. v. 2. Rio de Janeiro: Bertrand Brasil, 2003. p. 440.

de informar todas as operações suspeitas, tendo ainda pesadas sanções aos sonegadores que é o pagamento do tributo sonegado, com juros e correção monetária, bem como multa administrativa de até 100% (cem por cento) do valor sonegado, podendo ainda existir pena de prisão de até 05 (cinco) anos e outra multa, mas essa de cunho penal.

Já na época da descoberta profusa do ouro, tinham sido relatadas inúmeras "distorções" comportamentais, graças ao enriquecimento não só da burguesia, mas também dos próprios escravos que, usando de artimanhas tais como esconder o pó do minério extraído em suas cabeleiras, utilizavam-no para comprar sua liberdade, ou para outros fins, como no caso da construção da Igreja de Nossa Senhora do Rosário dos Negros, assim até hoje popularmente nominada, a sede religiosa que frequentavam.

Outro caso notório de prestígio é o de Antônio Francisco Lisboa, O Aleijadinho, nascido em Ouro Preto/MG, em 29 de agosto de 1738, e falecido na mesma cidade, em 1814. Era filho ilegítimo de um talentoso arquiteto português, chamado Manoel Francisco Lisboa, com uma escrava africana. Aleijadinho foi bem recebido na família, cursou educação básica sólida para os padrões da época. Sua formação artística foi-lhe proporcionada em grande parte pelo pai e pelo tio Antônio Francisco Pombal, entalhador. Tornou-se mundialmente famoso por sua extensa obra.

O jovem artista viveu a atmosfera das ideias liberais que se propagaram em Minas no século XVIII e que deram o tom da Inconfidência. Em 1777, aos 39 anos de idade, foi vitimado pela peste que o deformou. Ainda hoje, especula-se a origem dessa doença.

Uma de suas obras mais famosas é a Igreja de São Francisco de Assis em Ouro Preto, cujos projetos de arquitetura, pintura e outros elementos foram planejados por Antônio Francisco Lisboa. O teto da nave, decorado pelo Mestre Manoel da Costa Ataíde, tem como um dos focos a Assunção de mulher mulata que é "supostamente" reconhecida como a mãe do Aleijadinho.

Figura 1 – Figura central da grande composição de Ataíde no teto da nave, mostrando Nossa Senhora da Porciúncula com traços mulatos

Figura 2 – Igreja da Ordem Terceira de São Francisco de Assis da Penitência

A Igreja da Ordem Terceira de São Francisco de Assis da Penitência, considerada obra-prima da arte colonial brasileira mostra, em sua parte superior, esculturas que lembram canhões e prenunciam acontecimentos bélicos do porvir. A obra desse grupo de artesões mineiros espalhou-se por outras cidades do estado e é considerada, como um todo, patrimônio da humanidade.

CONCLUSÃO

O grande questionamento deste estudo é a viabilidade, ou não, de pôr em prática a tríade ideológica romântica da revolução Francesa, *"Liberté, **égalité**, fraternité"*, já que tudo, desde sempre, está calcado no realismo econômico e do poder, haja vista a guerra deflagrada este ano (2022) pela Rússia (Wladimir Putin), visando, entre outros interesses, as usinas nucleares da Ucrânia.

Mutatis mutandis a história se repete: é o ciclo do eterno retorno!

Sendo assim, para arrematar este raciocínio, eclode a sabedoria do poeta brasileiro, que é mais incisiva do que o conhecimento de um tratado:

COLOMBO FECHA A PORTA DE TEUS MARES

Brotam ainda na mente temas relevantes ao foco deste trabalho:

Vale citar canção popular do virtuosíssimo cantor, ator e apresentador de TV, Moacyr Franco:

Não, não posso parar

Não, não posso parar

Se eu paro eu penso

Se eu paro eu penso

Se eu penso eu choro

Se eu penso eu choro.

Choro porque não consigo saber

Quando o mundo terá mais juízo,

E a face da Terra de vez para sempre
Ser livre da eterna ameaça da guerra...
... Um abraço de mais
Uma prece de amor
Para um mundo de paz...
...Não nem guerra nem bomba
Nem muro nem nada
Um mundo de riso
Da minha calçada...

Seguem outros exemplos relevantes:

ARCADISMO/NEOCLACISSISMO
Quando cheios de gosto, e de alegria
Estes campos diviso florescentes,
Então me vêm as lágrimas ardentes
Com mais ânsia, mais dor, mais agonia.
Aquele mesmo objeto, que desvia
Do humano peito as mágoas inclementes
Esse mesmo em imagens diferentes
Toda a minha tristeza desafia...

Claudio Manoel da Costa. (1729-1789)

....

Saio da minha cabana
sem reparar no que faço:
busco o sítio aonde moras.
suspendo defronte o passo.
Fito os olhos na janela;
aonde, Marília bela,
tu chegas ao fim do dia;

se alguém passa e te saúda,

bem que seja cortesia,

se acende na face a cor.

que efeitos são os que sinto?

serão efeitos de Amor?

Se estou, Marilia, contigo

não tenho um leve cuidado;

nem me lembra se são horas

de levar à fonte o gado...

Thomas Antônio Gonzaga (1744 – 1810)

....

RESILIÊNCIA

Não chores meu filho, não chores,

A vida é luta renhida, viver é lutar.

A vida é combate, que aos fracos abate,

Que aos fortes e aos bravos só pode exaltar.

Um dia vivemos!

o homem que é forte

não teme da morte;

só teme fugir,

no braço que entesa,

Tem certa uma presa, quer seja,

Tapuia, condor ou tapir!...

Gonçalves Dias / Canção do Tamoio / 1843
Poema indianista

....

BRAVURA

Tu choraste em presença da morte?

"Um amigo não tenhas piedoso
Que o teu corpo na terra embalsame,
Pondo em vaso d'argila cuidoso
Arco e frecha e tacape a teus pés!
Sê maldito, e sozinho na terra;
Pois que a tanta vileza chegaste,
Que em presença da morte choraste,
Tu, cobarde, meu filho não és."
Ser das gentes o espectro execrado;
Não encontres amor nas mulheres,
Teus amigos, se amigos tiveres,
Tenham alma inconstante e falaz!...

Gonçalves Dias / I Juca Pyrama / 1851
Um dos mais famosos Poemas Indianistas do romantismo brasileiro

....

INCONFORMISMO
Quando nasci, um anjo torto
Desses que vivem na sombra
Disse: Vai Carlos! Ser gauche na vida
Meu Deus por que me abandonastes
Mundo mundo vasto mundo
Se eu me chamasse Raimundo
Seria uma rima, mas não seria uma solução
Mundo mundo vasto mundo
Mais vasto é meu coração
Eu não devia te dizer
Mas essa lua, mas esse conhaque
Meu Deus, por que me abandonastes...

Carlos Drummond de Andrade (1902-1987 Poema de Sete Faces)

....

AGORIDADE DO MUNDO ATUAL

Verão
Primavera
Poeta é
quem se considera.

Paulo Leminski (1944-1989)
Clássico contemporâneo

POST SCRIPTUM: CURIOSIDADES

Os meus avôs, paterno e materno, nasceram em Ouro Preto/ MG. Ambos se formaram em Direito na Universidade Federal de Ouro Preto (UFOP).

José de Castro Magalhães, pai de meu pai, foi Procurador do Estado de Minas Gerais e trabalhou em equipe responsável pelo tramite burocrático da transferência da capital Mineira, de Ouro Preto para Belo Horizonte.

Claudino Pereira da Fonseca Neto, pai de minha mãe, foi Diretor do Centro Federal de Educação Tecnológica (CEFET/MG), até aposentar. Curioso lembrar que ele supostamente nasceu na casa de Tomás Antônio Gonzaga, onde hoje funciona o Centro de Atendimento ao Turista e Secretaria do Turismo.

Ruy de Castro Magalhães, meu pai, assim como seu irmão Múcio Cévola de Castro Magalhães, formaram-se em Direito pela Universidade Federal de Minas Gerais.

José de Castro Magalhães, meu irmão, homônimo de meu avô paterno, formou-se em Direito pela Universidade Federal de Minas Gerais (UFMG) e aposentou-se como Procurador do Estado de Minas Gerais, a exemplo do avô.

Ainda, José de Castro Magalhães (avô) teve 03 (três) bisnetos formados em Direito.

....

Outro fato curioso é que as chaves "tamanho-família" das portas originais das casas de Ouro Preto abriam várias residências como pude testar na minha adolescência. Vale dizer que sabiamente não foram trocadas por motivos históricos: novas e modernas foram acrescentadas para a segurança domiciliar.

Júnia de Castro Magalhães Alves

REFERÊNCIAS LITERÁRIAS

Arthur Faraco: arthurfaraco67@gmail.com. II Congresso Nacional de Música e Matemática. Rio de Janeiro, 2017.

MAGALDI, Sábato. Panorama do teatro brasileiro. Coleção Ensaios, 1962. v. 4.

Castro Alves – O poeta dos escravos. Disponível em: https://minutocultural.com.br/castro-alves/.

Gonzaga ou a revolução de Minas. Origem: Wikipédia, a enciclopédia livre. Disponível em: https://pt.wikipedia.org/wiki/Gonzaga_ou_a_Revolu%C3%A7%C3%A3o_de_Minas#:~:text=Gonzaga%20ou%20a%20Revolu%C3%A7%C3%A3o%20de%20Minas%20%C3%A9%20uma%20pe%C3%A7a%20de,quem%20o%20poeta%20se%20apaixonara.&text=Categorias%3A,Pe%C3%A7as%20de%20teatro%20do%20Brasil.

Resumo - Gonzaga ou a Revolução de Minas – Castro Alves. Disponível em: http://oquehanahistoria.blogspot.com/2015/02/resumo-gonzaga-ou-revolucao-de-minas.html.

Jean-Paul Marat – Origem: Wikipédia, a enciclopédia livre. Disponível em: https://pt.wikipedia.org/wiki/Jean-Paul_Marat#:~:text=Marat%20

estava%20em%20sua%20banheira,ser%20admitida%20em%20suas%20 depend%C3%AAncias.&text=Ela%20foi%20guilhotinada%20em%2017%20 de%20Julho%20de%201793%20por%20homic%C3%ADdio.

Girondinos – Origem: Wikipédia, a enciclopédia livre. Disponível em: https://pt.wikipedia.org/wiki/Girondino.

George Jacques Danton – Origem: Wikipédia, a enciclopédia livre. Disponível em: https://pt.wikipedia.org/wiki/Georges_Jacques_Danton.

Toda Matéria. Robespierre – Juliana Bezerra, professora de História. Disponível em: https://www.todamateria.com.br/robespierre/#:~:text=Maximilien%20Robespierre%2C%20nascido%20em%206,Francesa%2C%20 o%20Per%C3%ADodo%20do%20Terror.

REFERÊNCIAS JURÍDICAS

BOURDIEU, Pierre. *Sobre o Estado*. Tradução: Rosa Freire D'Aguiar. 1. ed. São Paulo: Companhia das Letras, 2014.

SCHOUERI, Luís Eduardo. *Direito Tributário*. 5. ed. São Paulo: Saraiva, 2015.

DIREITO (LEI MARIA DA PENHA), LITERATURA, HISTÓRIA E FILOSOFIA EM *UM BONDE CHAMADO DESEJO*, DE TENNESSE WILLIAMS

Celso de Lima Freire
Luis Felipe Mourthé Magalhães
Junia de Castro Magalhães Alves
Lúcia Trindade Valente

QUADRO DOS PERSONAGENS PRINCIPAIS	
Blanche Dubois	Membra frágil, sensível da aristocracia decadente do Sul dos Estados Unidos, que foi demitida de sua posição de docente por promiscuidade.
Stella Kowalski	Irmã de Blanche, casada com um trabalhador matuto e grosseiro. Mora no *French Quarter* de Nova Orleans. Renunciou sua educação sulista aristocrática por um casamento comum.
Stanley Kowalski	Trabalhador de classe média baixa cuja motivação primeira na vida é sexual e que enfrenta problemas de realismo bruto.
Harold Mitchell (Mitch)	Amigo de Stanley à época da guerra. É solteiro e vive com a mãe enferma a quem devota profunda atenção.
Eunice e Steve Hubell	Vizinhos, donos do apartamento onde Stella e Stanley moram.

INTRODUÇÃO, DESENVOLVIMENTO E CONCLUSÃO

Um Bonde Chamado Desejo, de Tennessee Williams, é considerado um dos melhores trabalhos do teatro norte-americano. Seu texto foi traduzido e encenado nos quatro cantos do mundo.

A estrutura da peça gira em torno dos impasses entre Blanche Dubois e Stanley Kowalski, seu cunhado, que crescem até o clímax: a destruição de um deles.

A diferença óbvia entre os dois mundos está na criação e educação dos personagens, como já se nota nos sobrenomes: Dubois e Kowalski. O primeiro decorrente de nível alto de sofisticação da aristocracia francesa e o segundo do proletariado rústico polonês, que vê no dinheiro a chave da felicidade e do poder que lhe confere a compra dos prazeres da vida.

Blanche veste-se de branco, símbolo da pureza, uma característica de Williams para descrever seus personagens de caráter duvidoso. Seu nome também é simbólico já que branco se refere à inocência e suas mentiras reforçam a inabilidade de conviver com o real e o desejo de ser diferente do que é. A perda de *Belle Reve* é obviamente a dos sonhos e, de alguma forma, responsável pelo seu estado psicológico.

Stanley e Blanche não só representam mundos físicos diferentes, mas também personalidades contraditórias. Ela é desenhada como mulher que se afasta das convenções sociais que supostamente deveria seguir e se considera psicologicamente imaculada, o que soa como mentira hedionda para o cunhado, incapaz de perceber as diferenças sutis entre as duas realidades. Esse é um dos conflitos centrais da peça: a honestidade de Blanche *versus* sua aparente desonestidade. O amor é essencial em ambos os mundos, mas tem significado diferente para cada um deles.

O trabalho é estruturado para apresentar características desses dois universos contraditórios, analisando-os e confrontando-os até o momento em que o embate resulta na destruição do mais fraco.

A primeira cena introduz simbolicamente as características pessoais de Stanley. Sua performance é descrita pelo teatrólogo como "alegria animalística do ser, implícita em todas as suas atitudes". Ele entra trajando jaqueta de cores vivas sobre a roupa de trabalho e carregando um pacote de carne sangrenta, símbolo sexual freudiano, que arremessa em direção à Stella. Mais ainda, Stanley menciona as bolas de boliche que se somam à ideia de sexualidade. Outras sugestões nessa linha, já prevendo o desfecho trágico do texto, são os nomes dos transportes utilizados por Blanche para chegar a seu destino: *Desejo* e *Cemitério*.

A simbologia recorrentemente usada por Williams, em sua ênfase nas diferenças essenciais dos "mundos", é a "luz". Ela representa a realidade crua em que Stanley vive e o sonho projetado por Blanche, que a identifica com um mundo de sombras e ilusão.

No início do enredo de *Um Bonde Chamado Desejo* não se vislumbra, para o mundo do Direito, nenhuma repercussão relevante. Visitar ou passar temporadas em casas de parentes não é algo que chame, por si só, a atenção dos operadores do Direito. Entretanto, os conflitos surgem a partir da visita inesperada e duradoura de Blanche Dubois na vida do casal Kowalski (sua irmã Stella e seu marido Stanley) gerando profundos questionamentos e reflexões.

Para defender sua posição e princípios, Stanley comporta-se de maneira agressiva e impositora com sua esposa que vive o dilema da escolha entre o amor do marido e o da irmã.

Todo o discurso cênico da peça é terreno profícuo para a análise das cargas ideológicas presentes na sua produção.

Dessa forma, é mister cotejar os problemas vividos na estória, com a atual legislação brasileira de proteção à mulher. Ainda que temporalmente distante, os conflitos domésticos vivenciados apresentam atualidade dramática e relevância para o mundo do Direito.

O comportamento de Stanley cede espaço ao questionamento da violência física e moral do homem contra a mulher. Essa atitude - que insere o "mais forte" como provedor chefe das estruturas sociais e detentor dos poderes de decisão – estava enraizada na cultura machista à época e localidade em que se dá a trama. Por outro lado, a mulher é indivíduo passivo, que cumpre as determinações da figura masculina patriarcal.

A violência contra mulheres configura clara violação dos Direitos Humanos: além de corroborar para a desigualdade de gênero, influencia diretamente nas prerrogativas consideradas fundamentais, como o direito à vida, à saúde e à integridade física.

Indubitavelmente essa violência tem como origem histórica a discriminação sofrida por elas, quando sua função social era vista como secundária. Nos últimos tempos, o mundo vem ensaiando movimentos para mudança desse cenário. No Brasil, por exemplo, o divisor de águas na abordagem jurídica da luta contra as agressões baseadas no gênero é a Lei Maria da Penha, sancionada em 07 de agosto de 2006, com intuito de proteger a figura feminina. A norma busca criar mecanismos para prevenir e coibir a violência doméstica e familiar contra a mulher, dispor sobre a criação de Juizados e estabelecer medidas de assistência e amparo.

A Lei Maria da Penha demorou a tornar-se realidade e exigiu empenho dos movimentos das mulheres no país. Até a década de 80 não havia mecanismos jurídicos direcionados ao problema.

Apesar de todo o esforço é notória a dificuldade encontrada para conter esse problema, conforme se pode verificar na 14º edição do Anuário Brasileiro de Segurança Pública. Leia-se:

> *Lançada sob o contexto da pandemia da covid-19, a 14ª edição do Anuário Brasileiro de Segurança Pública mostra mais uma vez que a violência de gênero não tem freio: os homicídios dolosos de mulheres e os feminicídios tiveram crescimento no primeiro semestre de 2020 em comparação com o mesmo período do ano passado. Entre os homicídios dolosos, quando há a intenção de matar, o número de vítimas do sexo feminino aumentou de 1.834 para 1.861, um acréscimo de 1,5%. Já as vítimas de feminicídio foram de 636 para 648, aumento de 1,9%. Os dados foram compilados pelo Fórum Brasileiro de Segurança Pública, baseados em informações das Secretarias Estaduais de Segurança Pública e/ou Defesa Social dos estados.*
>
> *Se na edição de 2015 do anuário os pesquisadores mostraram que havia um estupro a cada 11 minutos no país, a edição deste ano mostra que um crime do tipo foi registrado a cada 8 minutos em 2019: foram 66.123 boletins de ocorrência de estupro e estupro de vulnerável registrados em delegacias de polícia apenas no ano*

> *passado, e a maior parte das vítimas é do sexo feminino -cerca de 85,7%. Em 84,1% dos casos, o criminoso era conhecido da vítima: familiares ou pessoas de confiança.*[79]

As ações governamentais pioneiras, no sentido de explorar o tema da violência contra a mulher, aconteceram após a redemocratização do Brasil, com a instalação da primeira delegacia especializada, em 1985.

Na década seguinte, os movimentos feministas voltaram a se manifestar pedindo métodos e medidas mais contundentes de combate à agressão e à discriminação contra a mulher.

Entre as conquistas legislativas desse período, temos:

Lei 8.930/1994, que estabeleceu o estupro e o atentado violento ao pudor como crimes hediondos, ou seja, crimes considerados de extrema gravidade, sendo inafiançáveis e sem a possibilidade de graça, anistia ou indulto.

Lei 9.318/1996, que agravou a pena de crimes cometidos contra mulheres grávidas, crianças, idosos e enfermos. Apesar desses avanços, ainda não havia uma proteção específica para mulheres vítimas de violência doméstica e familiar.

Isso representa que, para a sociedade da época, atos de agressão praticados no âmbito privado e doméstico eram culturalmente vistos como um assunto interno, que não deveria sofrer interferências do Estado ou da própria sociedade.

Para ter uma ideia, apenas em 1997 foi revogado o artigo 35 do Código de Processo Penal que determinava que mulheres casadas não podiam prestar queixa criminal sem o consentimento do marido, salvo quando separada ou a queixa fosse contra ele.

Dessa forma, a violência contra as mulheres continuava sendo menosprezada. Entretanto um evento ocorrido ainda na década de 1980 e que teve seus desdobramentos apenas anos mais tarde, alarmou a comunidade internacional e mudou o rumo da legislação brasileira em relação aos direitos das mulheres.

---

[79] Universa | 18/10/2020 | Por Luiza Souto.

Foi o caso de Maria da Penha Fernandes e é o que leremos a seguir.

Em 1983, Maria da Penha Fernandes, uma farmacêutica bioquímica brasileira, sofreu sérias agressões de seu marido, Marco Antônio Heredia Viveros, professor universitário colombiano. Ela foi vítima de duas tentativas de homicídio dentro de sua própria casa.

Primeiro Viveros disparou tiros de espingarda em suas costas enquanto ela dormia. O agressor foi quem pediu socorro, alegando que foram assaltados. Como resultado, saiu impune e Maria ficou paraplégica aos 38 anos.

Figura 1 – Maria da Penha Fernandes

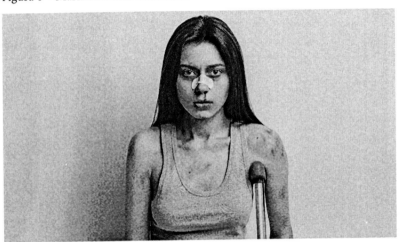

A segunda tentativa ocorreu meses depois, quando, durante o banho, ele a empurrou da cadeira de rodas e tentou eletrocutá-la. Além disso, ao longo de sua relação matrimonial, houve outras agressões.

Maria da Penha apresentou denúncia ao Ministério Público Estadual no ano seguinte e o primeiro julgamento sobre os crimes ocorreu após oito anos, em 1991.

Os advogados de Viveros conseguiram anular o primeiro julgamento e, finalmente no ano de 1996, ele foi julgado culpado e condenado a dez anos de reclusão.

Todavia, este recorreu e até 1998, quinze anos depois do crime, o caso ainda não tinha sido solucionado, em vista de um cenário de inefetividade do sistema judicial brasileiro.

Com isso, em conjunto com as entidades CEJIL-Brasil (Centro para a Justiça e o Direito Internacional) e CLADEM-Brasil (Comitê Latino-Americano e do Caribe para a Defesa dos Direitos da Mulher), no ano de 1998, Maria da Penha conseguiu levar seu caso para a Comissão Interamericana de Direitos Humanos, no âmbito da Organização dos Estados Americanos (OEA).

No ano de 2001, em decisão inédita, a Corte Interamericana de Direitos Humanos - Corte IDH (órgão com função judicial responsável por julgar casos e aplicar sentenças aos Estados signatários da Convenção Interamericana para Prevenir, Punir e Erradicar a Violência contra a Mulher) condenou o Estado brasileiro por negligência e omissão relacionadas à violência doméstica cometida contra Maria da Penha.

Entre as recomendações feitas pela Corte IDH, havia a necessidade de que o Brasil rompesse com a tolerância estatal referente à violência doméstica contra as mulheres no país.

Como resultado, em 31 de outubro de 2002, Marco Antônio Viveros foi preso no estado da Paraíba. A partir desse momento nasce uma articulação de entidades da sociedade civil que pressionam o Poder Público por uma proposta de lei acerca da violência familiar e doméstica contra a mulher.

Assim, em 7 de agosto de 2006, a Lei 11.340/2006, conhecida como Lei Maria da Penha, foi promulgada no Brasil, criando mecanismos de combate à violência contra as mulheres e estabelecendo medidas para prevenir, assistir e proteger aquelas nessa circunstância.

A realidade retratada na história trágico-heroica de Maria da Penha retoma e destaca um dos mais notáveis mitos americanos, ou seja, a utopia aristocrática do período ante/guerra sulista, que fica reduzida a um conto de perversão e luxúria em *Um Bonde Chamado Desejo*. A comédia de costumes, o drama de comentários sociais, dois pilares do teatro moderno praticamente desapareceram do repertório norte-americano: não era momento de expor ao ridículo uma sociedade instável, cujos valores mudavam rapidamente.

Dessa forma, este notável dramaturgo americano do século XX, Tennesse Williams, dedicou-se a explorar relações domésticas em profundidade, relatando impasses psicológicos como tema e usando técnicas naturalistas.

Por sua vez, os artistas da produção procuravam dar uma aparência de longo alcance no desenho do palco, na luz, no uso do som e do movimento. O resultado foi positivo, conferindo ao teatro norte-americano o título de maior vitalidade no mundo ocidental à época. Mas havia momentos em que, para o espectador, essa experiência revertia em exagero pela vitalidade do espetáculo.

Já que o século XX caracterizou-se pelo avanço tecnológico das produções no mundo, a experimentação no palco foi dedicada em parte ao uso das possibilidades de elucidar o significado intrínseco da peça.

É aí que Freud escandaliza a sociedade com a psicanálise, no século XX, ao tratar desses dois temas "obscenos": sexo e falo. Ao se afastar tanto da filosofia, quanto da medicina, sua escrita tem efeitos refletidos nos quais a palavra parece mais real do que qualquer teorização sobre uma verdade dada. Isso acontece com Blanche, que não se preocupa com a fidelidade dos fatos, preferindo dizer "o que deveria ser a verdade".

Como se sabe, *id*, *ego* e *superego* são conceitos criados para explicar o funcionamento da mente humana, considerando aspectos conscientes e inconscientes. Seriam três partes da mente que integradas e atuando em conjunto determinam e coordenam o comportamento humano:

1. *Id* (regido pelo princípio do prazer, profundamente ligado à libido e relacionado à ação de impulsos, é considerado inato);

2. *Ego* (é a parte consciente da mente, sendo a responsável por funções como percepção, memória, sentimentos e pensamentos);

3. *Superego*: (é o integrante inibidor da mente atuando de forma contrária ao *id*. Considerado hipermoral segue o "princípio" do dever e faz o julgamento das intenções do sujeito, sempre agindo de acordo com as heranças culturais relacionadas a valores e regras de conduta". É então o componente moral e social da personalidade).

Essencialmente, a peça pode ser entendida como uma série de desencontros entre dois mundos antagônicos: o de Blanche (sensibilidade) e o de Kowalski (animalismo): caminhos pelo quais passa a política do desejo. Fica claro que a atração básica entre eles é puramente física. A beleza de Stanley (masculinidade) e a suavidade da cunhada sugerem a atração à primeira vista entre eles, mas fica patente a irritação e animosidade com a hóspede e a constatação da cunhada de que ele não passa de um "animal" por seus modos agressivos.

O meio ambiente suburbano, onde os limites entre os vizinhos não são delimitados, torna possível a circulação erótica.

Stanley vive uma rotina de trabalho, jogo, álcool e violência doméstica. As agressões são intercaladas com sexo para sobrevivência da união.

Em uma noite de "pocker", Blanche conhece Mitch, amigo de Stanley, e o seduz com sua proposta de pureza (feminino/falsidade/simulação), sendo correspondida por ele (masculino/honradez/verdade). O "I want magic", recusa da realidade como estratégia de sobrevivência de Blanche, rompe com a "verdade" de Stanley.

Harold Mitchell é personagem importante, mais sensível que os demais, o que o identifica com Blanche e o faz enamorar-se por ela. Mas quem é Blanche? Uma pessoa inocente ou uma mulher depravada? Na verdade, esse par mostra-se ambíguo em busca da felicidade.

Os últimos confrontos entre Stanley e cunhada apresentam-na destruída e ele vencedor.

Em resumo, a peça constitui-se como uma problematização da política do desejo. Seu enredo tornado possível após Freud, ao mesmo tempo e de modo inverso, torna Freud possível.

A cena final focaliza um médico e acompanhante, originários de instituição filantrópica do Estado, vindos para resgatá-la e interná-la. Blanche tenta resistir, mas o profissional a trata com carinho e ela responde assertivamente aceitando o braço que ele lhe estende.

Mergulhar no mundo imaginário que Blanche criou é um ato de coragem. O irreal torna-se familiar e o real, desconhecido. É como reza a letra de *Starry Starry Night*, que fala sobre a trajetória de Van Gogh na voz de Lianne La Havas:

> Now, I understand what you tried to say to me
> And how you suffered for your sanity
> And how you tried to set them free

Blanche sofreu pela sua insanidade: pela "lucidez" de viver no limbo.

SOBRE OS ORGANIZADORES

JÚNIA DE CASTRO MAGALHÃES ALVES

No dia 15 de fevereiro de 2023 faleceu Júnia de Castro Maga-lhães Alves (1941-2023), autora e organizadora do presente livro.

Os nascimentos, em quase a totalidade dos casos, são marcados por gerar seres anônimos, contudo, a morte proporciona a conti-nuidade de nossa história de maneira distinta, por intermédio do "legado" que deixamos. Viver nos proporciona arquitetar, construir e, finalmente, concluir a nossa obra, entregando ao mundo como herança os frutos daquilo que plantamos em nossa trajetória. Júnia, brilhantemente, aproveitou a oportunidade com árduo empenho, capacidade e exemplos, garantindo a própria permanência traduzida pelos feitos alcançados durante a sua passagem. Para muitos, nasceu anônima e morreu como lenda.

Graduou-se em Português/Inglês (1974), mestra em Letras/Inglês (1979) e foi doutora em Literatura Comparada pela Universidade Federal de Minas Gerais (UFMG/1996). Iniciou sua carreira como pro-fessora de Língua Inglesa no Instituto Cultural Brasil/Estados Unidos, e, em seguida, lecionou nos Colégios Santa Maria e Helena Guerra em Belo Horizonte (BH), fazendo, pouco depois, concurso para ensinar no Colégio Estadual e no Instituto de Educação de Minas Gerais. Em 1975, prestou exames para ingressar como docente na Faculdade de Letras da UFMG (onde foi chefe do Departamento de Letras Ger-mânicas). Após aposentada pela Federação, trabalhou na PUC Minas Virtual e como titular de Língua Inglesa, no Instituto Cultural Newton Paiva, em Belo Horizonte. Publicou dois livros referentes à experiência dramática e teatral: *O PALCO E A RUA: a trajetória do teatro do Grupo Galpão* e *Pentimentos: a autobiografia de Lillian Hellman*.

Júnia se destacou também pelos projetos de pesquisa, publicações literárias, orientações acadêmicas, participações em bancas, presença em comissões julgadoras, prêmios e honrarias e outros eventos de destaque:

Nos anos de 1977 e 1978, mergulhou no projeto de pesquisa para a dissertação de mestrado: análise minuciosa das oito peças originais da teatróloga americana Lillian Hellman para localizar os temas recorrentes na obra, apresentá-los, classificá-los e interpretá-los a fim de demonstrar sua importância literária.

A lista de publicações é vasta e inclui:

- ALVES, Junia; VIANA, M. J. M. A indomada: teledramaturgia brasileira na era do multiculturalismo. *Fragmentos,* Florianópolis, v. 23, p. 55-69, 2005.

- ALVES, Junia; VALENTE, L. T. Um olhar atual sobre a modernidade de Oswald de Andrade. *Paralelo 20,* Belo Horizonte, Ed. Newton Paiva, v. ano 1, n. 1, p. 51-59, 2004.

- ALVES, Junia; VIANA, M. J. M. Um trem chamado desejo. *Cerrados* (UnB), v. 13, p. 75-88, 2004.

- ALVES, Junia; NOE, M. O Grupo Galpão e o circo: uma estética do teatro brasileiro. *Paralelo 20,* Belo Horizonte, v. 1, p. 93-102, 2004.

- ALVES, Junia; VIANA, M. J. M. Grupo Galpão rides. *Um trem chamado Desejo.* Brasil (Porto Alegre), PUC/RS(BR). Brown University (USA), v. 29, n. ano 16, p. 21-43, 2003.

- ALVES, Junia. From the street to the stage: the dialectical theatre practice of Grupo Galpão. *Luso-Brazilian Review,* Madison USA, v. 39, n. Summer 2002, p. 79-93, 2002.

- ALVES, Junia; NOE, M. Myth and madness in Grupo Galpão's expressionistic production of Album de Família. *Latin American Theatre Review,* Kansas USA, v. 35, n. 2, p. 19-36, 2002.

- ALVES, Junia; NOE, M. Grupo Galpão's. *A Rua da Amargura:* the script the screen and the stage. Brasil (Porto Alegre), Brown University (USA), v. 26, n. ano 14, p. 45-66, 2001.

- ALVES, Junia; VIANA, M. J. M. Tradução e teatro no multiculturalismo. TradTerm., São Paulo FFlCH/USP, v. 6, p. 107-123, 2001.

- ALVES, Junia; VALENTE, L. T. Grupo Galpão: a volta de Molière ao teatro de rua. *Revista de Estudos de Literatura*, Belo Horizonte/FALE/UFMG, v. 7, p. 69-77, 2000.

- ALVES, Junia; VALENTE, L. T. Caixa postal 1500: ano 446 da era deglutição do bispo Sardinha. *Boletim*. Centro de Estudos Portugueses, Faculdade de Letras da UFMG, Belo Horizonte/UFMG, v. 20, n. 26, p. 121-137, 2000.

- ALVES, Junia; VALENTE, L. T. O percurso dandi de Paris a Tormes em A Cidade e as Serras, de Eça de Queiroz. *Boletim*. Centro de Estudos Portugueses, Faculdade de Letras da UFMG, Belo Horizonte/UFMG, v. 20, n. 27, p. 169-187, 2000.

- ALVES, Junia; NOE, M. Expressões mineiras no teatro: o Romeu e Julieta do Grupo Galpão. *Lácio*: revista de Letras do Unicentro Newton Paiva, Belo Horizonte/Newton Paiva, v. 2, p. 181-195, 2000.

- ALVES, Junia; VIANA, M. J. M. As Carmens de Merimée, Bizet e Saura: locked in - locked out. *Releitura*, Belo Horizonte, Prefeitura, v. 14, n. Março, p. 39-44, 2000.

- ALVES, Junia; VALENTE, L. T. Harmada: a "fulminância" na escrita de um texto conteporâneo. *Veredas*. Revista da Associação Internacional de Lusitanistas, v. 2, p. 341-348, 1999.

- ALVES, Junia. A obra de Lilian Helman: controvérsias, contradições e revindicações. *Transit Circle,* Porto Alegre, v. 1, p. 163-172, 1998.

- ALVES, Junia. Ficção e autobiografia: implicações teóricas. *Em Tese,* Belo Horizonte, v. 1, p. 43-50, 1997.

- ALVES, Junia. Talvez o esboço de retratos: Lillian Hellman e Clarice Lispector. *Boletim*. Centro de Estudos Portugueses, Faculdade de Letras da UFMG, v. 16, p. 181-186, 1996.

- ALVES, Junia; FERREIRA, M. J. Euricão: herói cômico patético. *Boletim*. Centro de Estudos Portugueses, Faculdade de Letras da UFMG, v. 12, p. 157-160, 1988.

- ALVES, Junia. Lillian Hellman's political plays: Watch on the Rhine and The searching wind. *Estudos Germânicos*, v. 7, p. 13-23, 1986.

- ALVES, Junia. Some moral and social issues in The children's hour and Days to come. *Estudos Germânicos*, v. 6, p. 227-241, 1985.

- ALVES, Junia. MIss Hellman's mood plays: The autumn garden and Toys in the attic. *Estudos Germânicos*, v. 5, p. 142-164, 1984.

- ALVES, Junia. Miss Hellman's Hubbard plays: The little foxes and another part of the forest. *Estudos Germânicos*, v. 4, p. 150-165, 1983.

- ALVES, Junia. Elementos de trrajédia em The children's hour. *Estudos Germânicos*, v. 3, p. 38-45, 1982.

- ALVES, Junia. Poems: a calendar, I had halted, thee. *Estudos Germânicos*, v. 2, p. 134-135, 1981.

- ALVES, Junia. Charles Dickens, grat espectations: remorse, confession, absolution and penitence. *Estudos Germânicos*, v. 1, p. 120-123, 1980.

- ALVES, Junia; NOE, M.; VALENTE, L. T.; VIANA, M. J. M.; JEHA, J. *O Palco e a rua*: a trajetória do teatro do Grupo Galpão. 1. ed. Belo Horizonte: PUCMinas, 2006. v. 1. 308p.

- ALVES, Junia. *Pentimentos*: a auto/biografia de Lillian Hellman. 1. ed. Belo Horizonte: Newton Paiva, 2004. v. 1. 158p.

- ALVES, Junia; PAULINO, B. F.; R.GALLO, E. C. P.; LAGE, M. H. L.; BARROS, M. L. D.; RUSSO, N. G.; SILVA, R. M. N.; MARTINS, R. L. S.; REIS, S. M. C. *Leitura de textos em inglês*. 1. ed. Belo Horizonte: Memória, 1990. v. 2. 153p.

- ALVES, Junia; VALENTE, L. T. Caixa Postal 1500: encontro de história, música, teatro, literatura. *In*: BORGES, Luciene (org.). *Caderno de dramaturgia do Galpão Cine Horto*. 1. ed. Belo Horizonte: Argvnentvm, 2009, v. 1, p. 37-41.

- ALVES, Junia; VALENTE, L. T. A realidade, o espetáculo, a carnavalização e o riso reduzido em In memoriam. *In*: BORGES, Luciene (org.). *Caderno de dramaturgia do Galpão Cine Horto*. 1. ed. Belo Horizonte: Argvmentvm, 2009, v. 2, p. 141-144.

- ALVES, Junia; VIANA, M. J. M. Sob a órdem do caos: uma leitura da peça Quando o peixe salta. *In*: BORGES, Luciene (org.). *Caderno de dramaturgia do Galpão Cine Horto*. 1. ed. Belo Horizonte: Argvmentvm, 2009, v. 3, p. 35-46.

- ALVES, Junia. *O ser e o parecer*. Estado de Minas: Pensar, Belo Horizonte MG, p. 1-5, 18 jun. 2006.

- ALVES, Junia. *Um homem é um homem*. Estado de Minas: Pensar, Belo Horizonte MG, p. 1-4, 18 fev. 2006.

- ALVES, Junia; VALENTE, L. T. *Ainda atual infelizmente*. Estado de Minas: Pensar, Belo Horizonte MG, p. 1-3, 19 fev. 2005.

- ALVES, Junia; NOE, M. *Lugar de Destaque*. Estado de Minas: pensar, Belo Horizonte, p. 1-3, 26 out. 2002.

- ALVES, Junia; VALENTE, L. T. *Riso reduzido*. Estado de Minas: Pensar, Belo Horizonte MG, p. 1-3, 26 out. 2002.

- ALVES, Junia. A brief semiotic study of the descriptive act in José Saramago's A Caverna. *In*: *26th Annual Meeting of the Semiotic Society of America*, 2002, Toronto. Semiotics 2001. Toronto: Legas, 2001. p. 57-66.

- ALVES, Junia. Notre-Dame de Paris: a prosa a tela e o palco. *In*: Congresso Internacional ABRALIC, 2002, Belo Horizonte. *Anais* do VIII Congresso Internacional ABRALIC 2002: mediações, 2002.

- ALVES, Junia. Implicações teóricas no estudo das dimensões referencial e representativa de textos ficcionais e auto biográficas. *In*: 5º congresso da Associação Internacional de Lusitanistas, 1996, Oxford. *Anais* do 5º congresso da Associação Internacional de Lusitanistas. Oxford: Oxford - Coimbra, 1996. v. 1. p. 299-306.

Em banca, orientou Pollyanna Dias Fonseca: ALVES, Junia; BURNS, T. L. Green Thinking: An Ecocritic Reading of Thoreau's Walden. 2003. Dissertação (Mestrado em Letras) - Universidade Federal de Minas Gerais.

Em comissões julgadoras, teve presença nas seguintes:

JEHA, Julio; GAZZOLA, A. L. A. Pentimentos: a auto/biografia de Lillian Hellman. 1996. Tese (Doutorado em Estudos Literários) - Universidade Federal de Minas Gerais.

JEHA, Julio; GAZZOLA, A. L. A. Pentimentos: a auto/biografia de Lillian Hellman. 1996. Exame de qualificação (Doutorando em Estudos Literários) - Universidade Federal de Minas Gerais.

Entre outros eventos destacam-se:

- Signs of the world: interculturality and globalization. International Association of Semiotic Studies. Signs of the world: interculturality and globalization. International Association of Semiotic Studies. 8th Congress. 2004. (Congresso).

- I Mostra Conhecimento e ação 2004. I Mostra Conhecimento e ação 2004. 2004. (Encontro).

- VI Congresso Internacional da BRASA (Brazilian Studies Association) Brazil: new visions. VI Congresso Internacional da BRASA (Brazilian Studies Association) Brazil: new visions. 2002. (Congresso).

- VIII Congresso Internacional ABRALIC (Associação Brasileira de Literatura Comparada). VIII Congresso Internacional ABRALIC (Associação Brasileira de Literatura Comparada). 2002. (Congresso).

- 21st. International Summer Institute of the Semiotic Society of Finland. 21st. International Summer Institute of the Semiotic Society of Finland. 2002. (Simpósio).

- X Congress de la Federacion Internacional de Estudios sobre America Latina y el Caribe. X Congress de la Federacion Internacional de Estudios sobre America Latina y el Caribe. 2001. (Congresso).

- The Semiotic Society of America's Annual Conference: semiosis in the city. The Semiotic Society of America's Annual Conference: semiosis in the city. 2001. (Congresso).

- Brasa V. Brasa (Brazilian Studies Association) V. 2000. (Congresso).

- VII Congresso ABRALIC (Associação Brasileira de Literatura Comparada: terras e gentes). VII Congresso ABRALIC (Associação Brasileira de Literatura Comparada: terras e gentes). 2000. (Congresso).

- Neorealismo inglês: text, stage and screen. XXI Senapulli (Seminário Nacional de Professores Universitários de literatura Inglesa. 2000. (Seminário).

- 500 anos de língua portuguesa no Brasil. Encontro Internacional:500 anos de língua portuguesa no Brasil. 2000. (Encontro).

Assim como na vida profissional, foi personagem de destaque em todos os círculos inseridos, com ênfase no âmbito familiar. Foi ímpar como esposa, irmã, tia, filha, amiga, patroa... Ajudou a todos, sempre com muito carinho. Mais do que uma grande obra ou feito, o que fica é quem realmente somos, afinal, é por isso que seremos lembrados. Cuidar de quem amamos é a melhor forma de construir um legado importante e, como ela mesmo sempre dizia, parafraseando o poeta Fernando Pessoa: "tudo vale a pena se a alma não é pequena".[80]

---

[80] Mar Português (também grafado Mar Portuguez) é um dos poemas mais famosos de Fernando Pessoa. O poema foi originalmente publicado na revista Contemporânea, em 1922, e mais tarde integrado no livro Mensagem (1934), que é um livro dividido em três grandes temáticas: Brasão, Mar Português e O Encoberto, que se debruça sobre a época das grandes navegações, sendo os interlocutores o Infante D. Henrique, Vasco da Gama e Fernão de Magalhães. O poema tem uma temática nacionalista, como o resto do livro.

LUIS FELIPE MOURTHÉ MAGALHÃES

Cursou Direito na Faculdade Pitágoras do ano de 2008 a 2013. Recebeu Bolsa Estágio pelo Programa de Proteção e Defesa do Consumidor da Assembleia Legislativa de Minas Gerais (PROCON/ALMG) em 2008, e estagiou no Juizado Especial das Relações de Consumo da comarca de Belo Horizonte/MG. Trabalhou em quatro escritórios de advocacia: Capanema Drumond Advogados Associados, Mendonça Urbano & de Paula Advogados Associados, Maziero Savassi Sociedade de Advogados e Frederico Savassi Sociedade de Advogados. Foi colaborador no livro *O PALCO E A RUA: a trajetória do teatro do Grupo Galpão*, de Júnia de Castro Magalhães e Márcia Noe. Dedica-se, na atualidade, a escrever e revisar artigos sobre Direito e Literatura Dramática. Foi aluno do Médico Veterinário, especialista em comportamento canino, Max Macedo, no curso "Entendendo o Aprendizado Canino: O Guia Definitivo". Adestrador de cães e empreendedor do ramo de comportamento canino.

SOBRE OS AUTORES

Frederico Mourthé Savassi

Bacharel em Direito pela Faculdade Mineira de Direito da PUC/MG – Pontifícia Universidade Católica de Minas Gerais. Advogado inscrito na Ordem dos Advogados do Brasil, Seção Minas Gerais. Pós-graduado em Ciências Penais pelo Instituto de Educação Continuada da PUC/MG – Pontifícia Universidade Católica de Minas Gerais. Pós-graduado em Direito Penal Econômico pela Faculdade de Direito da Universidade de Coimbra em conjunto com o IBCCRIM – Instituto Brasileiro de Ciências Criminais. Sócio fundador do escritório Frederico Savassi Sociedade de Advogados.

Lucas Silvani Veiga Reis

Bacharel em Direito pela Universidade Federal de Minas Gerais (2014). Pós-graduado em Ciências Penais pela PUC-Minas (2016). Especialista em Direito Público: controle de contas, transparência e responsabilidade, PUC/MG. Especializado em Direito Processual Civil: grandes transformações, UNISUL. Analista de controle externo no Ministério Público de Contas do Estado de Minas Gerais.

Lúcia Trindade Valente:

Licenciada e bacharela em língua francesa, UFMG. Pós-graduada em linguística de texto e análise do discurso, UFRJ.

Yan Felipe Silva

Estudante de Direito cursando o 9º período, UFMG. Estagiário de Direito no escritório Dias Gomes Advocacia e Consultoria.